W0048125

Christa Spannbauer

Sei gut zu dir!

Christa Spannbauer

Sei gut zu dir!

Die Kunst der Selbstliebe

HERDER

FREIBURG · BASEL · WIEN

Inhalt

Ein Wort vorab

Es fällt uns im täglichen Leben oft erstaunlich schwer, fürsorglich und rücksichtsvoll mit uns selbst umzugehen. Anstatt uns in schwierigen Zeiten tröstend zur Seite zu stehen, ignorieren wir unsere Gefühle und strengen uns an, um reibungslos zu funktionieren. Anstatt unser Bedürfnis nach Ruhe ernst zu nehmen, jagen wir uns noch eine weitere Runde durch den geschäftigen Alltag. Und während wir dafür sorgen, dass es den Menschen um uns herum gut geht, vergessen wir nur allzu oft uns selbst. Kein Wunder also, wenn wir uns erschöpft und überfordert fühlen.

Forschungen aus der Psychologie belegen, dass Menschen, die gut für sich selbst sorgen, sich weit schneller von Lebenskrisen erholen, weniger zu Ängsten, Depressionen und Burn-out neigen und über mehr Selbstvertrauen verfügen. Erst eine gesunde Portion Selbstliebe verleiht uns offenbar die nötige Gelassenheit und innere Stärke für die Bewältigung des Alltags und befähigt uns dazu, unser seelisches Gleichgewicht auch in den Stürmen des Lebens nicht zu verlieren.

Deshalb möchte ich Sie in diesem Buch dazu ermutigen, Ihre eigenen Bedürfnisse wahrzunehmen, sie ernst zu nehmen und auch zu erfüllen – ohne deswegen ein schlechtes Gewissen zu haben und ohne sich für egoistisch zu halten. Denn genau das ist ja der folgenschwere Denkfehler, dem wir immer wieder aufsitzen: Wir glauben, dass wir mit unserer Fürsorge für uns selbst den anderen etwas wegnehmen und ihnen nicht mehr gerecht werden. Wir meinen, dass wir uns selbst zu wichtig nehmen. Dieser Verdacht reicht im westlichen Denken weit zurück und hat seine Wurzeln im Christentum. Denn das zentrale Gebot von Jesus, „Liebe deinen Nächsten wie dich selbst", wurde über Jahrhunderte hinweg gründlich missverstanden. Der Ruf zur Nächstenliebe fand Gehör, die Aufforderung zur Selbstliebe jedoch wurde ignoriert. Schlimmer noch: Die Selbstliebe wurde in der Folgezeit der Selbstsucht bezichtigt. Dass diese beiden jedoch gar nichts miteinander zu tun haben, machte der Psychologe Erich Fromm in seinem Weltbestseller *Die Kunst des Liebens* unmissverständlich deutlich: „Es stimmt zwar, dass selbstsüchtige Menschen unfähig sind, andere zu lieben, aber sie sind auch nicht fähig, sich selbst zu lieben."

Heute wissen wir, dass die Liebe zu uns selbst und die zu anderen einander ergänzen. Denn nur wer sich selbst liebt, vermag auch seine Mitmenschen wahrhaft zu lieben. Und nur wer gut für sich selbst und seine Bedürfnisse sorgt, kann auch gut für andere sorgen. Selbstfürsorge und Selbstmitgefühl stellen uns die Ressourcen zur Verfügung, die wir für unsere liebevolle Präsenz in der Welt benötigen. Dies gilt für die vielen Menschen in sozialen Berufen, es gilt für pflegende Angehörige und fürsorgliche Eltern ebenso wie für all die ehrenamtlichen und professionellen Helfer, die sich an vielen Orten der Welt selbstlos für ihre Mitmenschen einsetzen. Und es gilt für jeden von uns, der in seinem ganz normalen Alltag versucht, anderen Menschen gerecht zu werden, ohne sich selbst dabei aus dem Blickfeld zu verlieren.

Die Kunst der Selbstliebe besteht darin, zuerst einmal gut für sich selbst zu sorgen. Dafür ist es wichtig, die eigenen Kraftquellen und Ressourcen zu kennen und diese im Alltag immer wieder aufzufüllen. Deshalb wenden wir uns in diesem Buch liebevoll und fürsorglich uns selbst zu. Wir erforschen die Bedürfnisse unseres Körpers und die Sehnsucht unseres Herzens. Wir nähren unseren Geist und lassen entspannt die Seele baumeln. Da wir vieles von dem, was für unser Wohlbefinden wichtig ist, verlernt haben oder im Trubel des Alltags immer wieder vergessen, gibt Ihnen dieses Buch viele Tipps zur praktischen Selbstfürsorge und Anleitungen für kleine Meditationen und Entspannungsübungen. Denn ja, wir können Selbstliebe tatsächlich einüben! Wir können zu mehr Gelassenheit und Zuversicht in unserem Leben finden. Und unsere Lebensfreude stetig steigern, jeden Tag ein bisschen mehr. Also seien Sie gut zu sich!

1. Selbstbesinnung –
Die Seele baumeln lassen

„Die Muße scheint Lust,
     wahres Glück und seliges Leben
in sich selbst zu tragen."

Aristoteles

Heute ist mein Lieblingstag!

„Welcher Tag ist heute?", fragt Pu der Bär. „Heute ist heute", antwortet Ferkel. „Oh, das freut mich aber", sagt Pu der Bär, „denn heute ist mein Lieblingstag." Seit Generationen erfreut der unbeschwert durchs Leben tapsende Bilderbuchbär die Herzen von Kindern und Erwachsenen gleichermaßen. Und interessanterweise unterscheiden sich die Lebensweisheiten des pummeligen Bären kaum von den Erkenntnissen der großen Weisen. Denn nichts anderes brachte Zen-Meister Ummon mit seinen Worten zum Ausdruck: „Jeder Tag ist ein guter Tag." Doch wie sollen wir diese Worte verstehen? Wusste der weise Mann etwa nicht, dass es Tage gibt, die alles andere als gut sind? Kannte er denn keine Zeiten der Not, der Krankheit, der Einsamkeit?

Den Worten des Zen-Meisters liegt offenbar eine tiefere Erkenntnis zugrunde. Er will uns dazu ermutigen, jedem neuen Tag offen, neugierig und positiv gestimmt zu begegnen. Weniger zu werten, sondern das anzunehmen, womit das Leben uns heute überrascht, beschenkt oder auch behelligt. Nichts Besonderes zu erwarten, sondern das Leben an sich wertzuschätzen.

Auch die schwierigen und schmerzhaften Etappen tragen das Potenzial in sich, den Tag zu einem guten Tag zu machen. Sind es nicht die schweren Tage, die uns in die eigene Tiefe führen und in intensiven Kontakt mit unseren Gefühlen bringen?

Ganz sicher jedenfalls wird der Tag zu einem besseren Tag, wenn wir ihm bereits morgens wohlgestimmt entgegensehen. Ihn mit positiven und freudvollen Gedanken begrüßen, so wie Pu der Bär. Uns mit allen Sinnen an den schönen Momenten erfreuen und diese tief in uns aufnehmen. Dann erkennen wir vielleicht eines Tages, was Zen-Meister Ummon meinte, als er ausrief: „Alles ist gesegnet, zehntausendfach gesegnet."

Morgenritual: Ein guter Tag

Heißen Sie diesen Tag willkommen! Er ist der erste Tag der verbleibenden Zeit Ihres Lebens! Strecken Sie sich beim Aufwachen und spüren Sie bewusst Ihren Körper. Fassen Sie einen positiven Gedanken, mit dem Sie diesen Tag begrüßen möchten, und nehmen Sie ihn mit durch den Tag. Vielleicht legen Sie sich ein Buch mit Sprüchen für jeden Tag neben ihr Bett und lesen diese nach dem Aufwachen. Vielleicht beginnen Sie den Tag auch mit einigen Yoga-Übungen oder einer kurzen Meditation, um sich auf ihn einzustimmen. Unterstützend kann es sein, die folgenden Worte des Sufi-Mystikers Mevlana Rumi an einen gut sichtbaren Ort zu hängen:

> Achte gut auf diesen Tag,
> denn er ist das Leben –
> das Leben allen Lebens.
> In seinem kurzen Ablauf liegt alle seine
> Wirklichkeit und Wahrheit des Daseins,
> die Wonne des Wachsens,
> die Größe der Tat,
> die Herrlichkeit der Kraft.

Das Glück ins Leben einladen

Das größte Geschenk an uns und die Welt ist es, glücklich zu sein. Glück ist belebend und ansteckend. Es vermehrt sich, wie in einer Kettenreaktion breitet es sich aus und springt von einem Menschen zum nächsten. So wird aus einem glücklichen ICH ein glückliches WIR. Wodurch sich glückliche Menschen von anderen unterscheiden? Sie erkennen in allem die Gelegenheit zum Glücklichsein. Sie entscheiden sich bewusst dafür, die positiven Seiten des Lebens zu stärken, ohne deswegen die unangenehmen Dinge des Lebens zu verdrängen. Glückliche Menschen gestalten ihr Leben selbst und tun die Dinge, die sie gerne tun.

Die Psychologin Sonja Lyubomirsky forschte zum Glück und stellte fest, dass positive Lebensumstände nur zu einem geringen Anteil dazu beitragen, dass Menschen glücklich sind. Sie erklären lediglich zu 10 Prozent die Glücksfähigkeit des Menschen. Entscheidend für das Glücksempfinden, so die Forscherin, sei vielmehr die eigene Lebensanschauung. Es kommt also weniger darauf an, was in unserem Leben geschieht, sondern darauf, mit welcher Haltung und Einstellung wir darauf reagieren. Die Schlüsselfaktoren für die Steigerung des Glücksgefühls liegen für die Forscherin darin, dankbar zu sein für das, was man hat, auch in schwierigen Situationen das Positive sehen zu können, sich nicht mit Menschen zu vergleichen, denen es besser geht, sich an den kleinen Dingen des Lebens zu erfreuen und gute und liebevolle Beziehungen zu kultivieren.

Das können wir einüben. Der erste Schritt besteht darin, nicht mehr länger nach Gründen zu suchen, weshalb wir nicht glücklich sein dürften. Sagen Sie sich stattdessen: „Ich entscheide mich, glücklich zu sein." Und geben Sie sich mit der Affirmation „Ich darf glücklich sein!" die Erlaubnis dazu.

Ein Rendezvous mit mir selbst

„Sich selbst zu lieben, ist der Anfang einer lebenslangen Leidenschaft", erkannte der Schriftsteller Oscar Wilde. Was für eine aufregende Idee! Weshalb also verabreden Sie sich nicht gleich heute zu einem Rendezvous mit sich selbst? Was würden Sie gerne tun, wenn Sie ausgeführt würden? Was haben Sie immer wieder aufgeschoben, weil Sie keine Zeit dafür fanden? Jetzt sind Sie an der Reihe! Tun Sie etwas, das Ihnen Freude bereitet. Diese Zeit ist für Sie! Sie haben ein Date mit sich selbst. Wohin soll es gehen? In das türkische Hamam, die neue Kunstausstellung, das klassische Konzert, auf den Flohmarkt? Jetzt sind Sie die wichtigste Person. Verwöhnen Sie sich selbst. Tun Sie etwas Aufregendes, Betörendes, etwas, das Sie schon immer tun wollten. Zeigen Sie sich, wie schön und spannend die Welt sein kann!

Dem Leben vertrauen

„Que sera, sera, whatever will be, will be, the future's not ours to see, que sera, sera", sang Doris Day in den 1950er-Jahren. Das Lied, das umgehend zum Mitträllern einlädt, trägt eine tiefe Lebensweisheit in sich: „Was sein wird, wird sein, die Zukunft liegt nicht in unserer Hand." Denn so sehr wir es uns auch wünschen: Wir haben im Leben nicht alles in unserer Hand. Keine Versicherungspolice und kein noch so akribisch ausgearbeiteter Plan vermögen uns vor den Überraschungen des Lebens zu schützen. Es geht seinen eigenen Gang. Nichts bleibt, wie es ist, Veränderung ist die einzige Konstante. Und so konfrontiert uns das Leben neben all dem Schönen, mit dem es uns großzügig beschenkt, auch mit Zeiten der Trennung, des Abschieds und der Einsamkeit. Das sind die Zeiten, in denen unser Vertrauen in die Welt und uns selbst auf dem Prüfstand steht. Gelingt es uns, diese Umbruchzeiten als Chance zu nutzen? Dem Neuen entgegenzugehen, anstatt krampfhaft am Alten festzuhalten? Den Stürmen des Lebens nicht nur zu trotzen, sondern sich ihnen anzuvertrauen und an ihnen zu wachsen?

Nehmen Sie sich im täglichen Leben immer wieder die Zeit, bei sich selbst Einkehr zu halten. In der Stille finden wir zu den Quellen unserer Kraft und lernen, unserer eigenen Stärke zu vertrauen. Wenn wir in uns selbst beheimatet sind, erfahren wir eine Geborgenheit, die uns durch Zeiten der Instabilität und Erschütterung trägt. Wir kommen in Verbindung mit etwas, das weit größer ist als wir, und können schließlich erkennen: Ich bin immer schon gehalten und getragen.

Fragen Sie sich:

Was trägt mich? Wer steht zu mir in schweren Zeiten?
Worauf kann ich vertrauen?

Oasen der Stille

Wo immer wir hingehen, folgt uns der Lärm auf Schritt und Tritt. Sei es im Büro, auf dem Weg zur Arbeit oder bei unseren Freizeitbeschäftigungen – rund um die Uhr prasseln Geräusche auf uns ein. Dieser Lärm stellt nicht nur einen ernst zu nehmenden Stressfaktor in unserem Leben dar, er führt auch dazu, dass wir zunehmend taub werden für das Zarte und Leise in unserem Leben. Deshalb ist Stille zu einem kostbaren Gut geworden. Und wir sind bereit, viel für sie zu tun und mitunter auch weit für sie zu reisen. Manche brechen zu einer Reise in den fernen Osten auf, um in buddhistischen Klöstern zum inneren Frieden zu finden. Andere ziehen sich in ein abgeschieden gelegenes Kloster auf dem Land zurück. Doch müssen wir immer in die Ferne pilgern, um zur Stille in uns selbst zu finden? Können wir nicht mit der Suche da beginnen, wo wir sind? Denn das ist es doch, was die Weisheitswege von jeher lehren: Alles, was wir benötigen, ist bereits in uns. Wir müssen nur im Hier und Jetzt ankommen. Still werden. Und unser Herz öffnen.

Hierfür ist es wichtig, Orte der Stille im täglichen Leben aufzusuchen, sei es ein Rückzugsort in der

Natur, eine nahe gelegene Kirche, eine Bibliothek, der Garten oder ein stiller Raum in der eigenen Wohnung. Ein Ort also, an dem wir schweigen können, fernab des täglichen Verkehrslärms und der täglichen Beschallung durch Fernseher und Radio. Ein Ort, an dem wir das Handy ausschalten und einkehren in die Stille des Herzens. Denn hier, so der Benediktiner Anselm Grün, „erfahren wir das reine Sein und sind in seinem Grund geborgen. Wir erleben intensive Fülle, sind ganz im Augenblick. Zeit und Ewigkeit fallen in eins. Wir erfahren Einssein."

Einkehr halten bei mir selbst

„Die Stille ist nicht auf den Gipfeln der Berge, der Lärm nicht auf den Märkten der Städte; beides ist in den Herzen der Menschen", besagt eine indische Weisheit. Alle spirituellen Wege lehren uns, dass es unabhängig vom Trubel der Welt einen Raum der Stille tief in unserem Herzen gibt, der uns immer offen steht. Mit der folgenden kleinen Atemmeditation können Sie diesen jederzeit betreten.

Ziehen Sie sich an einen ruhigen Ort zurück. Atmen Sie einige Atemzüge achtsam ein und aus und beginnen Sie dann für einige Minuten, ganz bewusst in die Pause nach dem Ausatmen hineinzuspüren. Verlängern Sie diese Pause und spüren Sie, wie sich die Stille in Ihnen weitet.

Wohlfühlzuhause

An einem Ort zu leben, an dem wir uns geborgen fühlen, trägt ganz entscheidend zu unserem Lebensglück bei. Wichtig ist, dass dieser Ort mit der eigenen Energie in Einklang ist. Das mag für den einen die quirlige WG inmitten der Großstadt sein, für die andere das idyllische Landhaus am Waldesrand. So hat jeder Mensch sein eigenes Energiemuster, das in Übereinstimmung oder Dissonanz zu den Orten tritt, an denen er sich befindet.

Wenn wir den richtigen Ort gefunden haben, fühlen wir uns rundum wohl in den eigenen vier Wänden. Wir kommen zur Ruhe. Fragen Sie sich daher: Erfüllt es mich mit Vorfreude, heimzukommen? Habe ich das Gefühl, ein Refugium der Geborgenheit zu betreten? Wir können uns aktiv eine Umgebung schaffen, die unser Wohlbefinden fördert. Schaffen Sie sich ein Zuhause, das den besten Teil Ihres Selbst zum Vorschein bringt, unterstützt und widerspiegelt. Kreieren Sie Seelenräume. Unsere Umgebung sagt viel über unser Innenleben aus. Wie könnten wir uns an einem Ort, der mit altem Krempel vollgestellt ist, für Neues öffnen? Wie sollten wir zur inneren Ruhe finden, wenn um uns herum Unordnung herrscht? Schaffen Sie Ordnung, entsorgen Sie Dinge, die Ihnen im Wege stehen, geben Sie der Wohnung einen neuen Anstrich und bringen Sie schöne Dinge in Ihr Leben.

Vielleicht stellen Sie fest, dass Sie mehr Licht brauchen, um sich optimistisch und zuversichtlich zu fühlen. Vielleicht ist es Ihnen wichtig, dass Sie von Ihren Fenstern aus in den Himmel blicken können, dass Sie einen Balkon haben, auf dem Sie bereits morgens den Tag willkommen heißen können. Vielleicht ist es Ihr Herzenswunsch, von Grün umgeben zu sein und einen eigenen Garten zu haben. Dann mag es an der Zeit sein, nach Orten Ausschau zu halten, die diese essenziellen Wünsche erfüllen.

Wie Sie sich Wohlfühlplätze schaffen können

Erspüren Sie, welche Orte in Ihrer Wohnung Sie beim Entspannen und welche Sie bei Ihrer Aktivität unterstützen. Stellen Sie den Schreibtisch an den Platz, an dem Sie sich kreativ und hellwach fühlen, und das Sofa dorthin, wo Sie sich behaglich und geborgen fühlen. Wie Sie das herausfinden können? Sie müssen nur aufmerksam durch die Wohnung laufen und ganz achtsam in Kontakt mit den jeweiligen Plätzen kommen. Sie werden feststellen, dass es innerhalb Ihrer Wohnung Orte mit ganz verschiedenen Schwingungen gibt. Nutzen Sie diese Energien, um sich Wohlfühlplätze zu schaffen.

Einfach mal nichts tun!

Wann saßen Sie das letzte Mal auf einer Parkbank und blinzelten einfach nur behaglich in die Sonne? Ohne das Handy zu zücken, in der Zeitung zu blättern oder sich mit Musik berieseln zu lassen? Wann lagen Sie zuletzt auf einer Wiese und blickten selbstvergessen den Wolken nach?

Es sind diese Zeiten des Tagträumens und Nichts-Tuns, in denen sich unser Gehirn erholt, der Körper entspannt und das Herz zur Ruhe kommt. Wir jedoch laufen meist auch noch in unserer Freizeit zur Höchstform auf und planen, wie wir die arbeitsfreien Stunden mit möglichst viel Inhalt vollstopfen könnten. Selbstoptimierung nennen wir das dann. Was nichts anderes heißt, als alles, was wir tun, irgendeinem Nutzen oder einem Ziel unterzuordnen. In die Yogastunde gehen wir, um unseren Körper zu straffen, und in die Joggingschuhe schlüpfen wir, um für den nächsten Marathon zu trainieren. Wie wäre es, wenn wir einfach mal die Hände von den Kontrollknöpfen des Lebens nehmen würden? Wenn wir mal wieder die Dinge täten, die uns einfach nur Spaß machen? Oder wenn wir mal gar nichts täten und einfach nur die Seele baumeln ließen?

Den Geist ruhen lassen

In unserer leistungsorientierten Zeit sind wir darauf geeicht, immer etwas zu tun. Daher bedürfen auch die Zeiten des Nichts-Tuns der Planung. Nehmen Sie sich vor, jeden Tag zumindest einige Minuten lang Geist und Körper ruhen zu lassen. Die folgende kleine Meditation aus dem Buddhismus kann Sie darin unterstützen: Setzen Sie sich entspannt hin und entscheiden Sie sich dafür, in der nächsten Zeit einmal gar nichts tun und erreichen zu müssen. In dieser Meditation geht es nicht darum, etwas richtig zu machen. Sitzen Sie einfach nur in Ruhe da und beobachten Sie gelassen, was geschieht, ohne sich einzumischen. Lassen Sie alle Gedanken und Gefühle kommen und gehen, ohne sie kontrollieren zu wollen. Gut möglich, dass es eine Weile dauern wird, bis es Ihnen gelingt, einfach dazusitzen, ohne sich um das Ergebnis zu kümmern. Haben Sie Geduld und geben Sie Ihrem Geist freundlich die Erlaubnis, ruhen zu dürfen.

Das Leben entschleunigen

Je mehr wir uns hetzen, desto weniger Zeit haben wir. Sie zerrinnt uns förmlich zwischen den Fingern, mit denen wir sie festhalten wollen. Denn Zeit ist kein Geld, auch wenn manche Menschen uns dies einreden wollen. Wir können sie weder ansparen noch auf ein Konto legen. Und doch ist unsere Lebenszeit das kostbarste Gut, das wir haben. Weshalb also nutzen wir sie nicht für die Dinge, die es wirklich wert sind, und verbringen sie nicht mit den Menschen, die uns wichtig sind? Mit unserer Jagd durchs Leben verpassen wir so viele unwiederbringliche Momente mit geliebten Menschen. Wir versäumen so viele einzigartige Augenblicke, die wir nur in Ruhe wahrnehmen könnten. Wie wäre es also, wenn wir uns nicht länger durchs Leben hetzen, sondern das Schlendern und Flanieren wiedererlernen würden? Uns öfter mal absichtslos durch den Tag treiben ließen? Einfach mal anhalten und aussteigen würden, bevor unser Leben auf der Überholspur uns aus der Kurve trägt?

Entdecken Sie die Langsamkeit! Sie sind doch nicht auf der Flucht! Steigen Sie aus dem Hamsterrad aus und nehmen Sie sich eine lange Weile Zeit für sich.

Genießen Sie schöne Momente wie einen guten Tropfen Wein und lassen Sie sich diese auf der Seele zergehen. Körpermeditationen wie Qi Gong oder Tai Chi eignen sich aufgrund ihrer verlangsamten Bewegungen übrigens ausgezeichnet dazu, Körper und Geist zur Ruhe bringen.

Eine kleine Teezeremonie

Eine Teepause ist die ideale Achtsamkeitsübung, um in der Hektik des Tages innezuhalten und sich etwas Ruhe zu schenken. Legen Sie dafür alles andere beiseite und widmen Sie sich ganz bewusst dem Erlebnis des Teetrinkens. Stellen Sie sich vor, dass Sie eine kleine Teezeremonie durchführen, wie sie in Japan gebräuchlich ist. Diese beginnt bei der achtsamen und liebevollen Zubereitung. Entscheiden Sie sich für eine Teesorte, die zu Ihrer momentanen Stimmung passt. Wählen Sie eine schöne Teetasse, deren Anblick Sie freudig stimmt. Gießen Sie den Tee auf und beobachten Sie, wie das Wasser die Farbe des Tees annimmt. Schnuppern Sie den Duft des frisch aufgebrühten Tees. Spüren Sie die wärmende Teetasse in Ihren Händen. Trinken Sie langsam und mit geschlossenen Augen Schluck für Schluck. Nehmen Sie achtsam wahr, wie sich die Wärme schließlich in Ihrem ganzen Körper ausbreitet.

Die eigenen Grenzen wahren

Brauchen auch Sie das Gefühl, gebraucht zu werden? Bleibt Ihnen im täglichen Leben kaum Zeit für sich selbst? Geben Sie mehr, als Sie zurückbekommen?

Dies sind deutliche Anzeichen dafür, dass wir unsere Grenzen nicht wahren können. Unser übermäßiges Geben weist auf einen ungestillten Mangel in uns selbst hin. Wir wollen für andere wichtig sein, weil wir uns selbst nicht wichtig genug nehmen. Wir wollen geliebt werden und verwechseln dies damit, gebraucht zu werden.

Natürlich ist es ein gutes Gefühl, zu spüren, dass andere unsere Unterstützung brauchen. Die Frage ist jedoch, ob die Bilanz einigermaßen ausgeglichen ist.

Sollten Sie sich dafür entscheiden, diese alten Muster der Selbstaufopferung zu durchbrechen, kommen Sie nicht darum herum, öfter mal Nein zu sagen. Und das ist gar nicht so einfach. Sicherlich können Sie sich an Situationen erinnern, in denen Ihre innere Stimme lauthals „Nein" rief, Sie es dann aber doch um des lieben Friedens willen getan haben. Um niemanden zu enttäuschen. Um dem eigenen Selbstbild gerecht zu werden. Und so tappen wir immer wieder über unsere eigenen Grenzen, geben mehr, als wir haben, und wundern uns am Ende des Tages, weshalb wir uns erschöpft und ausgebrannt fühlen.

Hilfsbereitschaft ist ein wichtiger Bestandteil unserer Gesellschaft und großzügige und großherzige Menschen sind ein Geschenk für die Menschheit. Doch wirklich großzügige Menschen handeln aus der inneren Fülle heraus und nicht aus einem Gefühl des Mangels. Sie achten ihre eigenen Bedürfnisse, haushalten mit den eigenen Kräften und wissen, wie und wo sie ihre Ressourcen immer wieder auffüllen können. Lernen Sie von diesen Menschen. Und machen Sie sich bewusst, dass wir nur dann Respekt und Wertschätzung von anderen erfahren, wenn wir uns selbst wichtig nehmen.

Kleiner Tipp

Erstellen Sie eine Liste der Dinge, die Sie keinesfalls mehr tun wollen. Hängen Sie diese an einen gut sichtbaren Ort, um sich selbst daran zu erinnern. Üben Sie sich im Nein-Sagen. Hierfür hilft der folgende Dreierschritt: Verschaffen Sie sich als Erstes etwas Zeit für eine Antwort. Sagen Sie Ihrem Gegenüber, dass Sie erst einmal darüber nachdenken und Ihren Terminkalender prüfen müssen. Spüren Sie dann genau hin, was Ihnen Ihr Bauchgefühl sagt. Und wenn Sie ein deutliches Nein als Antwort erhalten, bringen Sie dieses ehrlich und respektvoll zum Ausdruck.

La dolce vita!

„Und dann will ich, was ich tun will, endlich tun, an Genuss bekommt man nämlich nie zu viel", singt Konstantin Wecker in seiner Hymne an den Sommer. Und kommt in seinem Song zu dem Schluss: „Denn Genießen war noch nie ein leichtes Spiel." Es ist erstaunlich, doch nicht wenigen Menschen bereitet es tatsächlich Anstrengung, das Leben zu genießen. Das hat damit zu tun, dass vielen von uns diese Fähigkeit bereits als Kind gründlich ausgetrieben wurde. Anstatt das Leben auszukosten, haben wir uns angewöhnt, es zu kontrollieren und zu managen. Wir alle kennen den Preis – er ist hoch, und der Druck, der auf uns lastet, ist gewaltig. Wäre es daher nicht an der Zeit, einfach mal wieder loszulassen und die Süße des Lebens zu genießen? Sich zu berauschen an diesem sanften Frühling, dem prächtigen Sommer oder farbenfrohen Herbst, der sich um und in uns verströmen möchte? Den Winter willkommen zu heißen, in das Schneetreiben zu laufen und die schmelzenden Schneeflocken auf der Haut zu spüren? Wenn wir uns dem Leben mit unseren Sinnen öffnen, können wir die Süße des Augenblicks auskosten. Kinder sind hierfür übrigens die besten Lehrmeister. Wie wäre es also, wenn Sie mal wieder Ihr inneres Kind entscheiden ließen, was es in den nächsten Stunden tun möchte? Denn dieses weiß am besten, was Ihnen gerade jetzt gut täte. Wer Zugang erhalten möchte zu seiner ursprünglichen Lebensfreude, so der Familientherapeut John Bradshaw, sollte den Kontakt mit seinem inneren Kind suchen. Mit dessen Unterstützung können wir uns erneut verzaubern lassen vom Leben und staunend die alltäglichen Wunder genießen. Vielleicht mag Ihr inneres Kind Purzelbäume schlagen, durch den warmen Sommerregen rennen, mit vollem Schwung in die herbstlichen Pfützen springen oder mal wieder einen Schneemann bauen. Tun Sie es einfach! Ich verspreche Ihnen, Sie werden einen Heidenspaß haben!

Eine Reise zum inneren Kind

Schließen Sie für einen Moment die Augen und treten Sie eine Zeitreise in Ihre Vergangenheit an. Erinnern Sie sich an eine Begebenheit in Ihrer Kindheit, in der Sie sich ganz eins fühlten mit der Welt und von Glück erfüllt waren. Einen Moment, in dem Sie die Süße des Lebens kosten konnten. Spüren Sie dem mit all Ihren Sinnen nach. Was erlebten Sie? Stellen Sie sich die Situation so genau wie möglich vor und aktivieren Sie die Erinnerung mit all Ihren Sinnen. Je präsenter Ihnen diese Erinnerung ist, desto leichter können Sie darauf zugreifen, wenn Sie in schwierigen Zeiten den Zugang zu Ihren inneren Ressourcen und Kraftquellen benötigen.

Glückliche Erinnerungen aktivieren

Alles, was wir einmal erlebt haben, lebt in uns fort. Unsere Erinnerungen sind Teil dessen, wer wir heute sind. Indem wir uns glückliche Momente aus unserer Vergangenheit in Erinnerung rufen, bereichern wir unser Leben im Hier und Jetzt. Öffnen Sie daher öfters mal die Schatztruhe Ihrer glücklichen Kindheitserinnerungen. Tauchen Sie ein in vergangene Zeiten und holen Sie diese in die Gegenwart zurück. Es sind magische Momente, wenn freudvolle Erinnerungen mit dem gegenwärtigen Augenblick verschmelzen!

Kramen Sie doch mal wieder die Familienalben hervor und lassen Sie Ihr Leben Revue passieren. Wie fühlte es sich an, als Sie auf Ihrem ersten Fahrrad saßen und stolz in die Kamera blickten? Erinnern Sie sich bei dem Foto vom Strand an den ersten berauschenden Sommer am Meer? Können Sie das freudige Herzklopfen wieder spüren, mit dem Sie Arm in Arm mit Ihrer ersten großen Liebe in die Kamera strahlten? Auch wenn diese Momente vergangen sind, so sind sie doch unvergänglich. Sie sind Teil unseres Lebens, wir können uns jederzeit an ihnen erfreuen und in schweren Zeiten davon zehren. Und je intensiver wir diese glücklichen Erfahrungen aktivieren können, desto kraftvollere Ressourcen stellen sie für unser Leben im Heute dar.

Vielleicht möchten Sie andere Menschen an Ihren Erinnerungen teilhaben lassen. Schauen Sie Ihre Fotos gemeinsam mit Ihrem Partner und Ihren Kindern an oder veranstalten Sie einen nostalgischen Dia-Abend mit Freunden. Welche Geschichten erzählen diese Bilder? Was waren die wichtigen Begegnungen? Wer sind die Menschen, die Ihr Leben geprägt und es mit ihrer Liebe und Fürsorge bereichert haben? Indem Sie Ihre Erinnerungen mit geliebten Menschen teilen, werden sie zu gemeinsamen Erinnerungen. Sie machen Ihr Leben reich und erfüllt und geben ihm eine Bedeutung, die weit über Sie selbst hinausreicht.

Wie Sie Glücksmomente speichern können

Bewahren Sie Fotos von glücklichen Momenten Ihres Lebens an einem Ort auf, wo Sie sie sehen, sich jederzeit daran erfreuen und Kraft daraus schöpfen können. Umgeben Sie sich mit Bildern von geliebten Menschen.

Und vor allem: Machen Sie Ihre heutigen Glücksmomente bewusst zu wertvollen Erinnerungen. Speichern Sie diese freudvollen Momente, damit Sie später darauf zurückgreifen und Ihr Herz daran erwärmen können. Halten Sie dafür bewusst inne und nehmen Sie diese Situationen mit allen Sinnen wahr. Wie riecht es, was sehen Sie, was können Sie hören, spüren und schmecken? Je intensiver Sie diesen Augenblick in sich aufnehmen, lehrt uns die moderne Hirnforschung, desto deutlichere Erinnerungsspuren bleiben unserem Gehirn erhalten.

Sorge dich nicht, lebe!

Das ist leicht gesagt, doch alles andere als leicht getan. Sorgen sind hartnäckige Gesellen. Wenn sie erst einmal da sind, ist es schwer, sie wieder loszuwerden. Sie nisten sich in unseren Gedanken ein, begleiten uns mit schweren Schritten durch den Tag und flüstern uns in den Nächten furchterregende Dinge ins Ohr. Sie entwerfen vor unserem geistigen Auge Schreckensszenarien und malen ständig düstere Dinge an die Wand, bis wir schließlich gar nicht anders können als das Schlimmste zu erwarten. Dabei treten die Probleme, die sie uns einreden, in den meisten Fällen gar nicht ein. Denn unsere Sorgen sind oft alles andere als realistisch, sondern vielmehr verzerrte Wahrnehmungen der Wirklichkeit, Angstkonstrukte unseres Geistes, die durch schlechte Erfahrungen oder negative Worte anderer Menschen genährt werden. Genau deshalb können wir ihrer auch mit den Mitteln des Geistes wieder Herr werden. Analysieren Sie auftauchende Sorgen aufmerksam und fragen Sie sich: Wie wahrscheinlich ist es, dass das, was ich befürchte, wirklich eintritt? Was werde ich in einer Woche über die Situation denken, in der ich mich gerade befinde? Gibt es ähnliche

Situationen, die ich schon bewältigt habe? Was würde ich einer guten Freundin raten, wenn sie sich mit ähnlichen Sorgen herumschlägt?

Sollte all dies keine Lösung bringen, dann stellen Sie sich die entscheidende Frage: Wenn ich heute sterben müsste, wären diese Sorgen dann wirklich von Bedeutung? Und tun Sie Folgendes: Blicken Sie öfters mal in den Sternenhimmel. Das rückt alles wieder in die richtige Perspektive. Wie klein unsere Sorgen doch sind angesichts der Weite des Weltalls!

Die Sorgen ziehen lassen

Diese kleine Imaginationsübung stammt aus dem Buddhismus und unterstützt Sie darin, belastende Gedanken und Sorgen loszulassen. Stellen Sie sich vor, Sie liegen an einem warmen und sonnigen Sommertag auf einer duftenden Wiese. Über Ihnen ziehen bauschige Wolken über den blauen Himmel. Denken Sie nun an die Sorgen, die Sie belasten, und nutzen Sie die Wolken als Transportmittel, um diese weiterziehen zu lassen. Sobald also ein belastender Gedanke auftaucht, setzen Sie ihn auf eine der vorüberziehenden Wolken und blicken ihm nach, wie er am Horizont verschwindet. Wenn der nächste Sorgengedanke auftaucht, tun Sie mit diesem das Gleiche. Und mit dem nächsten ebenso. Sie werden feststellen, dass Sie sich innerlich befreit und um vieles leichter fühlen. Genießen Sie diesen Zustand und blicken Sie noch einige Zeit in den weiten Himmel über Ihnen.

Die Selbstheilungskräfte aktivieren

„Der Arzt behandelt, die Natur heilt", lautet eine hippokratische Devise. Und wir erleben ja immer wieder, dass kleinere Wunden von selbst abheilen und Erkältungen kommen und auch wieder gehen. In vielen Fällen können wir der Natur ihren Lauf lassen. Wir können aber auch selbst einen wichtigen Beitrag dazu leisten, unseren Körper und Geist zu stärken und seine Ressourcen aufzufüllen. Die zeitgenössische Mind-Body-Medizin unterstützt uns darin, unsere Widerstandskräfte gezielt zu aktivieren. Gesunde Ernährung, ausreichend Bewegung, Zeiten der Entspannung ebenso wie die liebevolle Unterstützung anderer Menschen gelten als die Basis zur Mobilisierung der Selbstheilungskräfte. Psychologischen Erkenntnissen zufolge ruhen körperliche und seelische Gesundheit auf vier Säulen: Der Selbstfürsorge, die uns dazu befähigt, die eigenen Bedürfnisse wahrzunehmen und achtsam und liebevoll mit sich selbst umzugehen. Der sozialen Unterstützung in Form liebevoller Beziehungen, die uns die Gewissheit vermittelt, dass wir uns auf andere Menschen verlassen können. Der Selbstwirksamkeit, die das Vertrauen in die eigene Kraft beinhaltet und dabei hilft, mit Schwierigkeiten fertig zu werden. Und schließlich der Sinnorientierung und damit der Ahnung von der tieferen Bedeutung des eigenen Lebens. Sie ermöglicht es, auch schwierige Lebenssituationen als Chance für innere Reifung zu begreifen.

Wissenschaftliche Untersuchungen belegen, dass bei optimistischen Menschen Knochenbrüche schneller heilen, Wunden sich besser schließen und Operationen leichter überstanden werden. Ein gutes Netzwerk von Freunden und das Wissen, geliebt zu werden, scheinen wahre Wunder zu wirken. Denn es ist die Hoffnung, die nachweislich die Selbstheilungskräfte des Körpers mobilisiert und unser Immunsystem aktiviert.

Fragen Sie sich:

Woher bekomme ich meine Kraft? Was nährt mich?
Wer stützt mich? Was gibt meinem Leben Sinn?

Ein Zimmer für sich allein

„Ihr Frauen – verschafft euch Muße und ein Zimmer für euch allein – lebt in der Gegenwart, der Wirklichkeit, ein erlebendes Leben." Mit ihrem Buch „Ein Zimmer für sich allein" schrieb die englische Schriftstellerin Virginia Woolf einen zeitlosen Klassiker, der noch heute zu den einflussreichsten Büchern der Weltliteratur zählt. Ihre Forderung, dass jeder Mensch für seine geistige Unabhängigkeit einen Platz für sich allein braucht, ist so aktuell wie eh und je. Denn gerade Frauen haben bis heute häufig keinen eigenen Platz und keinen Ort, an den sie sich zurückziehen können, an dem sie ungestört ihren Gedanken nachgehen und ihre Kreativität entfalten können.

Haben Sie selbst solch einen Rückzugsort in Ihrer Wohnung? Sollten Sie allein wohnen, stellt sich diese Frage natürlich nicht. Doch wie ist es für Sie, die Sie mit Ihrer Familie zusammenleben? Gibt es ein Zimmer, dessen Tür Sie schließen können und damit deutlich machen, dass Sie nun Zeit für sich allein brauchen? Wo Sie sich Ihr eigenes kleines Reich schaffen können, umgeben von persönlichen Dingen, die nur für Sie von Bedeutung sind? Wo Sie Ihre eigene Ordnung oder Unordnung etablieren können? Oder einfach nur nichts tun und erleichtert seufzen: Ich gehöre nur mir selbst! Wo Sie schreiben können und die Gewissheit haben, dass niemand in Ihren Aufzeichnungen blättert. Wo niemand in Ihren persönlichen Dingen stöbert. Ein Ort, den die anderen Familienmitglieder respektieren. Ihre Kinder haben doch auch ihre eigenen Zimmer. Wieso also sollten Sie keines verdienen?

Kleiner Tipp

Sollten Sie nicht genügend Platz in der Wohnung für ein eigenes Zimmer haben, dann schaffen Sie sich in einem der gemeinsamen Räume Ihren eigenen Platz. Seien Sie kreativ! Mit einem schönen Raumteiler können Sie eine Ecke für sich allein schaffen. Oder durch Regale Ihren eigenen kleinen Raum abtrennen. Vielleicht entscheiden Sie sich auch für einen Rückzugsort außer Haus, den Sie schnell und mühelos erreichen können. Manche Frauen mieten sich einen Raum in einer der vielen Bürogemeinschaften an, die derzeit entstehen. Oder sie gehen in die Bibliothek, um in Ruhe lesen und ungestört schreiben zu können. Und wenn die Kinder aus dem Haus sind, könnten Sie sehr wohl eines der Zimmer für sich in Beschlag nehmen, anstatt sie zu Abstellräumen und Bügelzimmern verkommen zu lassen.

2. Selbstfürsorge – Den Körper entspannen

„Tu deinem Leib etwas Gutes,

  damit deine Seele Lust hat, darin zu wohnen.“

Teresa von Avila

Gut zum eigenen Körper sein

Schenken Sie Ihrem Körper die Aufmerksamkeit, die er verdient? Essen Sie, wenn Sie hungrig sind? Gönnen Sie sich Schlaf, wenn Sie müde sind? Machen Sie eine Pause, wenn Sie erschöpft sind? Unser Körper weiß am besten, was er braucht und was uns guttut. Doch allzu oft ignorieren wir seine Bedürfnisse: aus Zeitnot, weil wir im Stress sind oder weil wir meinen, gerade Wichtigeres und Besseres zu tun zu haben. Doch nicht genug damit, dass wir seine Wünsche und Bedürfnisse nicht erfüllen, sind wir die meiste Zeit auch noch in einen zermürbenden Kampf mit ihm verstrickt. Wir ziehen in den Diätkrieg, weil er unseren Vorstellungen nicht genügt oder weil wir uns an den Maßstäben anderer messen. Diesen Kampf können wir gar nicht gewinnen, denn die Werbung führt digital bearbeitete Hochglanz-Covergirls und durch Botox und Facelifting geschönte Gesichter gegen uns ins Feld. Kein Wunder, wenn wir schlecht abschneiden und uns angesichts straffer Waschbrettbräuche und megadünner Models so pummelig fühlen. Und doch meinen wir, wir müssten diesen Schönheitsidealen gerecht werden. Mehr als die Hälfte der Frauen in den

Wohlstandsländern macht genau deswegen aktuell eine Diät und viele Männer nehmen Dopingmittel, um ihre Körper zu stylen.

Wie aber sollten wir uns im eigenen Körper wohlfühlen, wenn wir ihn an den Maßstäben anderer messen? Wäre es nicht weit wichtiger, sich behaglich im eigenen Körper einzurichten und sich in der eigenen Haut wohlzufühlen? Sich ihm fürsorglich und achtsam zuzuwenden und zu erforschen, was ihm und uns gut täte? Hierfür ist es hilfreich, wenn wir unseren Körper immer wieder mal interessiert fragen: „Was brauchst du? Wie geht es dir? Was würde dir jetzt gut tun?"

Verwöhnzeit für den Körper

Tun Sie Ihrem Körper Gutes, versorgen Sie ihn mit viel frischer Luft, gesundem Essen und vitalisierender Bewegung. Verwöhnen Sie ihn mit einem Aromabad und reiben Sie ihn sanft mit wohlduftenden Körperölen ein. Gönnen Sie sich mal wieder einen Sonntag in der Sauna, eine Ganzkörpermassage, ein Sonnenbad am Strand. Wärme tut unserem Körper besonders gut. Hüllen Sie ihn mit Wärme ein, bis Sie sich ganz wohlig und behaglich fühlen. Machen Sie ein Nickerchen, wenn Sie müde sind. Gewöhnen Sie sich an, hinzuspüren, was Ihrem Körper jetzt gut tun könnte. Oft sind unsere Muskeln verhärtet und verspannt. Dann ist Weichheit und Sanftheit sich selbst gegenüber angesagt. Schütteln Sie Verkrampfungen aus. Lockern Sie sich. Dehnen Sie Ihren Körper mit sanften Yoga- oder Gymnastikübungen. Und danken Sie ihm dafür, dass er Sie so zuverlässig durch das Leben trägt.

Achtsamkeit und Essen

Wir essen aus den verschiedensten Gründen, und erstaunlicherweise haben die wenigsten damit zu tun, dass wir hungrig sind. Oft versuchen wir uns durch Essen fehlende emotionale Zuwendung zu holen. Oder wir essen, um uns für Stresszeiten und lange Arbeitstage zu belohnen. „Das habe ich mir jetzt echt verdient", sagen wir und ziehen uns in der Hoffnung, uns hinterher glücklicher zu fühlen, mit der Pralinenschachtel aufs Sofa zurück. Wir alle kennen ihn, den Hunger nach guten Gefühlen, nach Nähe, Anerkennung, Wärme und Liebe. Doch keine Praline der Welt vermag ihn zu stillen. Worum es also geht, ist zu unterscheiden, wann unser Körper Hunger hat und wann unsere Seele nach Trost ruft. Vertrauen Sie hierfür Ihrem Körper und fragen Sie ihn, was er wirklich braucht und wonach es ihn verlangt. Wenn Sie sich mit Fast Food vollstopfen, können Sie ziemlich sicher davon ausgehen, dass es Ihnen an emotionaler Zuwendung mangelt. Und wenn etwas in Ihnen ständig nach Süßigkeiten schreit, versucht sich wahrscheinlich Ihr inneres Kind Gehör zu verschaffen, dem Sie schon längere Zeit keine Beachtung mehr schenkten. Spüren

Sie aufmerksam in sich hinein, wann Sie der „Magen-hunger" und wann der „Herzhunger" zum Essen antreibt. Finden Sie heraus, ob Sie gerade essen, weil Sie wirklich hungrig sind, oder weil Sie sich einsam, gestresst oder gefrustet fühlen. Je besser Sie dies unterscheiden können, desto mehr Wahlmöglichkei-ten eröffnen sich Ihnen. Dann entscheiden Sie sich vielleicht dafür, Ihre beste Freundin anzurufen und ihr zu erzählen, was Ihnen auf dem Herzen liegt, anstatt den Kühlschrank zu plündern. Oder Sie machen lieber einen Spaziergang zur Entspannung, anstatt die Chipstüte vor dem Fernseher zu leeren. Vielleicht laden Sie ja auch jemandem zu einem guten Essen ein, anstatt die fettigen Pommes am nächsten Imbissstand einsam in sich hineinzuschlingen.

Genießen Sie!

Stellen Sie sich vor, Sie kreieren ein Festmahl. Bereiten Sie dieses voller Vorfreude zu. Und nehmen Sie dann all Ihre Sinne mit an den Esstisch, um es auszukosten: Wie schmeckt es? Süß, salzig, bitter? Wie riecht es? Wie sieht es aus? Kauen Sie sorgfältig den Salat, lassen Sie sich jeden Bissen des Kuchens auf der Zunge zergehen. Nehmen Sie sich Zeit, das volle Geschmackserlebnis auszukosten. Nehmen Sie alle angenehmen Empfindungen wahr. Spüren Sie die Wärme, die sich in Ihrem Bauch ausbreitet, und das Wohlbefinden, das Ihren ganzen Körper erfasst. Und machen Sie sich bewusst: Essen ist lebensnotwendig, zugleich aber auch eines der schönsten Geschenke des Lebens.

Lachen Sie sich glücklich!

Lachen ist gesund, sagt der Volksmund, und die moderne Medizin bestätigt es: Lachen ist ein wahrer Gesundbrunnen und die beste Medizin gegen Stress, Ärger und Angst. Forschungen belegen, dass Lachen das Immunsystem stärkt, Stress und Verspannungen löst, Schmerzen lindert und die Selbstheilungskräfte mobilisiert. Da bei jedem Lachen Glückshormone ausgeschüttet werden, fühlen wir uns danach auch emotional besser.

Es gibt ja auch kaum etwas Schöneres, als zusammen mit anderen zu lachen, ausgelassen, heiter und fröhlich zu sein. Gemeinsames Lachen ist ansteckend und herzverbindend. Wenn wir mit anderen Menschen lachen, dann geht uns im wahrsten Sinne des Wortes das Herz auf. Lachen befreit von Kummer und entspannt unseren Körper. Wir müssen mit dem Lachen auch gar nicht warten, bis sich eine komische Situation ereignet. Wir können uns in jedem Augenblick dafür entscheiden, dem Leben eine humorvolle Seite abzugewinnen und ein befreiendes Gelächter anzustimmen. Wir müssen nur um uns blicken und genau hinsehen, dann können wir die vielen Gelegenheiten für ein Schmunzeln, ein Kichern, ein herzhaftes Lachen in unserem Alltag erkennen. Das hebt unsere Stimmung selbst dann, wenn diese gerade im Keller ist. Daher: Seien Sie mal wieder richtig albern! Amüsieren Sie sich über das Leben und all seine kleinen Widrigkeiten! Humor ist, wenn man trotzdem lacht, heißt es so schön im Volksmund. Wer auch schwierigen Situationen ein Lächeln abgewinnen kann, bewältigt Probleme mit größerer Leichtigkeit. Und wem es gelingt, sich selbst nicht so schrecklich ernst zu nehmen und öfters mal über sich selbst zu schmunzeln, der ist wahrlich weise.

Kleiner Tipp

Wenn wir Menschen ein Lächeln schenken, macht dies nicht nur die anderen, sondern zugleich auch uns selbst glücklich. Lächeln Sie doch mal den Menschen zu, denen Sie in Ihrem Alltag begegnen: der gestressten Kassiererin im Supermarkt, dem einsamen alten Mann auf der Parkbank, dem Kind, das sorgenvoll seine Schultasche nach Hause trägt. Ernten Sie deren freudige Überraschung und spüren Sie, wie dies Ihr eigenes Herz erwärmt.

Vom Kuscheln und Knuddeln

Jedes Jahr findet am 21. Januar der „Weltknuddeltag"
statt. Er soll uns daran erinnern, durch herzliche
Umarmungen und zärtliche Liebkosungen mehr
Wärme und Wohlbefinden in die kalte Jahreszeit zu
bringen. Doch sicherlich müssen wir nicht bis zum 21.
Januar warten, um geliebte Menschen in die Arme zu
schließen. Das tut uns schließlich an jedem Tag unseres Lebens gut. Körperkontakt und Berührungen sind
für uns Menschen wichtig, ja mehr noch, lebenswich-
tig. Vom ersten Augenblick unseres Lebens an sind wir
darauf angewiesen, gehalten und getragen zu werden,
und die Sehnsucht nach Streicheleinheiten, nach
Wärme und Fürsorge wird uns Zeit unseres Lebens
nicht verlassen.

Ob wir in den Armen unseres Partners versinken oder
unsere beste Freundin zur Begrüßung fest an uns drü-
cken – kaum etwas gibt uns ein so behagliches Gefühl
wie eine liebevolle Umarmung. Wir fühlen uns geborgen, geschützt und geliebt. Und dies fördert nicht nur
unser seelisches, sondern auch unser körperliches
Wohlbefinden. Durch die Berührung der Haut wird
Stress reduziert, der Blutdruck gesenkt und das

Immunsystem gestärkt. Zärtlichkeit führt zur Ausschüttung des Glückshormons Dopamin und des Bindungshormons Oxytocin. Es bindet nicht nur Mutter und Kind, sondern auch Liebende und Freunde aneinander. Wenn diese Hormone durch Berührung freigesetzt werden, fördert dies unser Wohlbefinden, wir spüren ein behagliches Gefühl im Bauch, Wärme breitet sich in uns aus und unser Herz öffnet sich. Deshalb beruhigt sich ein schreiendes Baby am besten, wenn wir es in den Arm nehmen. Und auch heute noch lassen unsere körperlichen und seelischen Schmerzen nach, wenn uns ein Mensch mitfühlend berührt.

Kuschelzeit

Herzen und liebkosen Sie Ihre Liebsten mal wieder
ausgiebig. Schmusen Sie mit Ihren Kindern, knuddeln
Sie gleich heute Ihre beste Freundin, kuscheln Sie mit
Ihrem Partner. Und nehmen Sie doch auch mal Menschen in den Arm, die Sie bislang eher auf Abstand
hielten. Mit jeder liebevollen Umarmung tragen wir zu
etwas mehr Wärme und Herzlichkeit in der Welt bei
und zeigen anderen Menschen unsere Dankbarkeit
und Wertschätzung.

Die Heilwirkung der Musik

Bereits für den griechischen Philosophen Platon stand das Reich der Klänge in geheimer Beziehung zur menschlichen Seele. Auch sein Schüler Aristoteles erblickte in der starken Wirkung der Musik auf das Seelenleben die Möglichkeit, die Gefühle des Menschen in positiver Weise zu beeinflussen. Musik hilft, Körper und Seele in Einklang zu bringen. Weltweit wird ihre Heilwirkung eingesetzt, von indischen Gurus ebenso wie von afrikanischen Schamanen, von den Aborigines in Australien ebenso wie von indianischen Medizinmännern. Auch im Westen wird die Musik seit Jahrhunderten zur Heilung von Kranken eingesetzt. Im Mittelalter war sie sogar fester Bestandteil des Medizinstudiums. Neue wissenschaftliche Forschungen belegen den entspannenden und gesundheitsfördernden Effekt klassischer Musik auf den Körper. Sie wirkt sich stabilisierend auf Blutdruck und Herzfrequenz aus, beruhigt die Atmung und reduziert Stresshormone. Barockmusik gilt als besonders heilsam, da Komponisten wie Händel und Vivaldi harmonische Formeln benutzten und Frequenzen schufen, die im Gehirn Harmonie erzeugen. Auch das

Anliegen anderer großer Komponisten wie Mozart und Bach war es, einen Gemütszustand zu schaffen, der den Menschen von weltlichen Sorgen befreit und seinen Geist für Größeres öffnet.

Eine kleine Musikmeditation

Nutzen Sie klassische Musik wie eine Meditation für Ihre geistige und körperliche Entspannung. Ziehen Sie sich nach einem anstrengenden Tag in Ihren Lieblingssessel oder auf das Sofa zurück und geben Sie sich mit geschlossenen Augen den beruhigenden Klängen hin. Das getragene und von tiefer Spiritualität erfüllte „Air" von Johann Sebastian Bach aus der 3. Suite für Orchester (D-Dur) eignet sich als Einstieg hierfür ebenso wie die Behaglichkeit und Wärme von Vivaldis „Largo" aus dem Winter seiner „Vier Jahreszeiten". Finden Sie heraus, welche der vielen großartigen klassischen Kompositionen Ihnen besonders gut tun. Und genießen Sie deren harmonisierenden Effekt.

Mein Freund, der innere Schweinehund

Wer kennt ihn nicht, den inneren Schweinehund, der einem immer wieder auflauert und in die Quere kommt. Meist versuchen wir, ihn wie einen räudigen Köter vom Hof zu jagen oder in Ketten zu legen. Wir wollen ihn bezwingen und ihm zeigen, wer Herr im Hause ist. Und wenn wir dann doch einmal schwach werden und ihn hinter den Ohren kraulen, fühlen wir uns schuldig und bezichtigen uns der Nachgiebigkeit. Doch wie wäre es, wenn wir erst einmal hinhorchen würden, was der Schweinehund eigentlich von uns will? Könnte es nicht sein, dass er instinktiv weiß, was uns jetzt gerade gut täte? Vielleicht entpuppt er sich sogar als kluger Begleiter, der immer dann aufheult, wenn wir unsere Kräfte überfordern. Der uns vielleicht zur rechten Zeit daran erinnert, erst einmal eine Mütze Schlaf zu nehmen, bevor wir uns zu weiteren Höchstleistungen antreiben. Das heißt nun nicht, dem Schweinehund das Kommando über das eigene Leben zu überlassen. Natürlich gibt es Zeiten, wo wir ihn in seine Schranken weisen müssen. Sonst würden wir viele unserer Aufgaben nicht bewältigen. Richtig behandelt, kann uns der innere Schweinehund jedoch vor unnötigem Energieverlust schützen und uns zeigen, wie wir mit unseren Kräften sinnvoll haushalten können.

Kleiner Tipp

Geben Sie Ihrem inneren Schweinehund einen Platz im Haus und in Ihrem Leben. Hören Sie auf das, was er Ihnen mitteilen will. Indem Sie gut zu ihm sind, tun Sie auch sich selbst Gutes. Sehen Sie in ihm einen treuen Begleiter, der es genießt, auf seiner warmen Decke zu dösen, und der nichts anderes will, als dass auch Sie sich immer wieder die Ruhezeiten gönnen, die Ihnen gut tun.

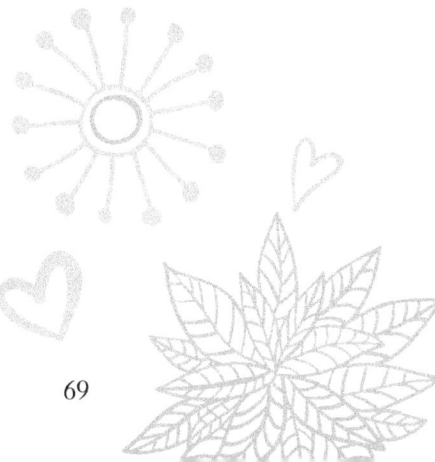

Sich das Leben schmecken lassen

Was war als Kind Ihre Lieblingsspeise? Womit haben Ihre Eltern oder Großeltern Sie bekocht und glücklich gemacht? Können Sie sich an den Geruch Ihres Lieblingsessens erinnern, wie er aus der Küche strömte und die ganze Wohnung erfüllte? Spüren Sie, wie Ihr Herz sich bei der Erinnerung daran öffnet und ganz warm wird?

Unsere Lieblingsspeise ist bis heute ein bewährter Trostspender. Schon allein der Gedanke daran erfüllt uns mit einem behaglichen Gefühl der Geborgenheit. Lassen Sie sich doch mal wieder von einem geliebten Menschen mit Ihrem Lieblingsessen bekochen und verwöhnen. Oder lassen Sie sich zum Essen ausführen und bestellen Sie all das, worauf Sie Appetit haben. Erlauben Sie sich das, wovon Sie sich sonst vielleicht aus guten Gründen fernhalten. Gönnen Sie sich die Süßspeise, die Pasta mit Sahnesoße, ohne im Geiste schon wieder die Kalorien zu zählen. Schnuppern Sie, schlemmen Sie!

Vielleicht verspüren Sie auch den Impuls, mal wieder Ihre Leibspeise für sich und andere zu kochen. Allein schon die Vorbereitung kann zu einem Fest der Sinne werden. Wie es duftet, wenn das Essen auf der Herdplatte köchelt oder in der Backröhre brät! Wie einladend es aussieht, wenn Sie es auf dem Teller anrichten! Lassen Sie Ihre Augen mitessen und nehmen Sie all Ihre Sinne und Ihre ganze Aufmerksamkeit mit an den Esstisch. Zünden Sie Kerzen an und veranstalten Sie ein Candle-Light-Dinner nur für sich allein oder mit Ihrem Partner. Verwöhnen Sie Ihre Familie oder lassen Sie es sich im Kreise Ihrer Freunde munden. Freuen Sie sich am Genuss der anderen mit. Gemeinschaftliches Essen regt nicht nur den Appetit an, sondern stiftet auch Geborgenheit.

Dank sagen

Danken Sie vor dem Essen den Menschen, die es für Sie zubereitet haben oder es einst für Sie als Kind gekocht haben. Die Dankbarkeit schafft Verbundenheit und lässt uns das Essen doppelt so gut munden.

Singen Sie!

Singen Sie sich glücklich! Denn Singen ist tatsächlich glücksfördernd. Und nicht nur das: Singen ist auch gesund! Und zwar für Leib und Seele. Zahlreiche Studien belegen, dass Singen Krankheiten vorbeugt und stimmungsaufhellend wirkt. Dem Atem kommt dabei eine Schlüsselrolle zu, denn beim Singen vertieft und verlangsamt sich unsere Atmung und unser Körper kann mehr Sauerstoff in alle Zellen aufnehmen. Die flache Atmung, die wir uns in Stresszeiten angewöhnt haben, weicht dabei einer natürlichen Vollatmung. Die Herzfrequenz sinkt und das Herz schlägt ruhiger. Das Singen entfaltet so eine ähnlich beruhigende Wirkung wie die Atemübungen des Yoga.

Durch das Singen können wir auch Gefühle befreien, die in unserem Körper feststecken. Gefühlsblockaden zeigen sich häufig in körperlichen Blockaden. Singen Sie sich frei! Gerade dann, wenn Sie das Gefühl haben, dass es Ihnen die Sprache verschlagen hat, dass Ihnen hinuntergeschluckte Verletzungen im Hals stecken, dass eine unausgesprochene Angst Ihnen die Kehle zuschnürt oder dass Ihnen etwas schwer auf dem Herzen liegt. Und lassen Sie sich bloß von niemandem einreden, dass Sie nicht singen könnten! Dieser Vorwurf hat schon vielen Menschen die Stimme verschlagen. Legen Sie Ihre Lieblingsmusik auf und singen Sie lauthals mit. Geben Sie Ihren Gefühlen mit Ihrem Körper Ausdruck! Verleihen Sie Ihrem Herzen eine Stimme!

Singen Sie sich glücklich!

Singen oder summen Sie, wo immer Sie können: allein unter der Dusche, beim Spazierengehen mit Ihren Kindern, gemeinsam mit Ihren Freunden auf der Autofahrt in den Urlaub. Trällern Sie Ihre Lieblingsmelodien mit kindlicher Freude und spüren Sie, wie sich dadurch Ihre Stimmung hebt. Improvisieren Sie mit Ihrer Stimme und erfinden Sie eigene Melodien, mit denen Sie Ihren Gefühlen Ausdruck geben. Wenn Sie gerne gemeinsam mit anderen singen, dann könnten Sie Singgruppen besuchen, bei denen die Freude am Singen im Mittelpunkt steht. Vielleicht nutzen Sie auch die Möglichkeit zum Singen gemeinsamer Mantras in Meditationszentren oder zum Chanten von Taizé-Liedern in Kirchen.

Mit allen Sinnen genießen

Unsere fünf Sinne sind ein wahres Geschenk des Himmels. Sie ermöglichen es uns, das Leben intensiv auszukosten. Leider lassen wir viel zu viele dieser Gelegenheiten unbemerkt an uns vorüberziehen. Weil wir nicht in unserem Körper zu Hause sind, sondern zerstreut und gedankenverloren in unserem Kopf leben. Weil wir nicht achtsam um uns blicken, sondern hektisch und wie mit Scheuklappen durch die Welt rennen. Weil wir nicht im Hier und Jetzt leben, sondern über die Vergangenheit nachgrübeln und uns um die Zukunft sorgen. Die neue Psychologie des Auskostens rät uns deshalb dazu, im Hier und Jetzt geistesgegenwärtig zu sein. Voraussetzung hierfür ist das aufmerksame Wahrnehmen dessen, was um uns herum und in uns geschieht. Dabei richten wir unseren Blick sowohl nach außen, auf das, was Glück auslöst, als auch nach innen, auf das, was uns Glück empfinden lässt.

Wenn wir alle Sinne auf Empfang stellen und diese ganz gezielt mit unserem Herzen und unserem Gehirn verbinden, können wir das Leben in bis dahin ungeahnter Intensität wahrnehmen. Schauen Sie um sich!

Hören Sie! Was können Sie jetzt gerade sehen, was Ihr Herz erfreut? Was können Sie hören, was positive Erinnerungen in Ihrem Gedächtnis auslöst? Aktivieren Sie Ihren Geruchs- und Geschmackssinn. Schnuppern und schmecken Sie! Spüren Sie die warmen Sonnenstrahlen auf Ihrer Haut, den Wind in Ihrem Haar. Je achtsamer wir diese Sinneserfahrungen wahrnehmen und je bewusster wir diese in uns aufnehmen, desto nachhaltiger prägen sie sich als Glücksspuren unserem Herzen und Gehirn ein. Berühren Sie die Menschen und die Dinge mit dem Herzen. Seien Sie sinnenfreudig und sinnlich!

Ein Fest der Düfte

Da unser Geruchssinn auf das Engste mit unseren Emotionen verbunden ist, können Sie Düfte gezielt einsetzen, um sich besser zu fühlen. So wirkt, um nur einige Beispiele zu nennen, Orangenduft angstlösend, Lavendel beruhigend, Rosmarin und Grapefruit anregend. Geben Sie einige Tropfen Öl in das Wasser einer Duftlampe, zünden Sie das Teelicht darunter an – und schon breitet sich Wohlbefinden in Ihren Räumen aus. Sie können die Wirkung auch noch körperlich intensivieren, indem Sie sich ein Vollbad mit Aroma-Badezusätzen gönnen. Einige Tropfen Melissenöl, vermengt in einer Schale mit Honig oder Sahne, können wahre Wunder an Entspannung bewirken. Zur Aufhellung Ihrer Stimmung können Sie Bergamottenöl verwenden. Wenn Sie körperliche Verspannungen lösen möchten, greifen Sie zu Wacholderöl, und wenn Sie Ihrem Herzen etwas Gutes tun wollen, nehmen Sie ein behagliches Bad in Rosenextrakt.

Die Heilkraft der Natur nutzen

Wann haben Sie zuletzt unter dem funkelnden Sternenhimmel gelegen oder sich ein Bett unter dem Vollmond bereitet? Wie lange ist es her, dass Sie ein scheues Reh im Wald erblickt oder den majestätischen Flug des Habichts am Himmel beobachtet haben? Können Sie sich daran erinnern, wann Sie zuletzt auf der Erde gelegen und den Geruch des Grases und des Waldbodens tief in sich aufgesogen haben?

Nirgendwo sonst können wir so gut auftanken und neue Kräfte sammeln wie in der Natur. Die Natur wirkt beruhigend und heilsam. Unser Körper scheint sich ganz selbstverständlich mit dem Kreatürlichen um uns herum zu verbinden. Während sich unsere Lungen mit frischer Luft füllen, verlieren unsere Sorgen und Ängste an Gewicht und unser Herz fühlt sich erleichtert. Wir können wieder frei atmen, lassen los, woran wir uns in der Enge der Wohnung noch klammerten, übergeben unsere Sorgen den Wellen des Meeres, werfen unsere Ängste in den Fluss und erhalten auf dem Gipfel des Berges neue Ideen und Einsichten.

Wir können uns die Natur auch mit Blumen und Grünpflanzen in die eigene Wohnung holen, sodass uns ihr erholsames Grün durch den Alltag begleitet. Wir können den Frühling herbeirufen, indem wir bunte Frühlingsblumen auf dem Fensterbrett pflanzen, den Sommer zelebrieren, indem wir uns im Garten ein kleines Naturparadies mit Wildblumen, Büschen und Bäumen anlegen, den Herbst genießen, indem wir die bunten Blätter der Bäume zu großen duftenden Blätterhaufen zusammenfegen. Für unseren Körper ist Gartenarbeit Entspannung pur!

Spüren Sie die Kraft der Natur

Nehmen Sie sich ausreichend Zeit, um in Kontakt mit der Natur zu kommen. Nutzen Sie die Wochenenden zu kleinen Ausflügen und Wanderungen. Suchen Sie die Kraft der Berge, die Weite des Meeres, die Stille des Waldes. Lehnen Sie sich öfters mal an einen der mächtigen Bäume und nehmen Sie seine Kraft in sich auf, die Ihnen für den Alltag den Rücken stärkt. Legen Sie sich einfach mal wieder auf die Erde und spüren Sie: Die Erde trägt Sie, ganz gleich, was ist. An die Erde können Sie alles abgeben, was Sie belastet.

Heil werden

Manchmal ist es nur ein grippaler Infekt, der uns ausbremst und daran erinnert, dass wir eine Ruhezeit benötigen. Manchmal aber ist es auch eine ernsthafte Krankheit, die uns zum Innehalten und Nachdenken zwingt. „Wenn der Mensch nicht mehr weiter weiß, schicken ihm die Götter eine Krankheit", sagte wohl deshalb Rudolf Steiner, der Begründer der Anthroposophie. Die Krankheit selbst kann eine therapeutische Wirkung entfalten, wenn wir in ihr eine Chance zum Innehalten, Reflektieren und Neuausrichten erkennen. Indem wir sie als Erkenntnismöglichkeit nutzen, kann sie den Raum für tiefere Lebenszusammenhänge öffnen. Denn jede Krankheit stellt uns vor die Frage: Was ist mir wirklich wichtig im Leben? Damit ermöglicht uns die Krankheit auch, in die Tiefen des eigenen Selbst zu blicken und jenen Bereich zu betreten, der weit über Gesundheit und Krankheit hinausreicht. Dann erkennen wir vielleicht, dass heil sein mehr ist als die Abwesenheit von Krankheit. Dass heil sein bedeutet, sich wieder ganz zu fühlen. Mit sich selbst, den Menschen des eigenen Lebens, der Welt, in der man lebt, in Einklang zu sein. So betrachtet ist es durchaus möglich, sich mit einer Krankheit als heil zu empfinden.

Eine kleine Heil-Meditation

Ziehen Sie sich für diese Meditation an einen ruhigen Ort zurück. Setzen Sie sich in einer aufrechten Meditationshaltung auf Ihr Sitzkissen oder einen Stuhl und schließen Sie die Augen. Verbinden Sie sich nun mit Ihrem Atem, indem Sie beim Einatmen innerlich sagen „Ich atme ein" und beim Ausatmen „Ich atme aus". Führen Sie dies einige Minuten durch und spüren Sie, wie Sie so in Einklang mit Ihrem Atem kommen und innerlich ruhig werden. Nun können Sie heilsame Energie in den Atem hineinnehmen, indem Sie sich beim Einatmen sagen „Kraft erfüllt mich" und beim Ausatmen „Heilung durchströmt mich". Wenn Sie länger meditieren, können Sie auch die Kurzform verwenden, indem Sie beim Einatmen „Kraft" und beim Ausatmen „Heilung" sagen.

Mit dieser Meditation aktivieren Sie Ihre Ressourcen und wecken Ihre Selbstheilungskräfte.

3. Selbstmitgefühl –
Das Herz wärmen

„Im Herzen ruht der Anfang

und das Ende aller Dinge."

Leo Tolstoi

Gut für sich selbst sorgen

„Niemanden behandeln wir so schlecht wie uns selbst". Zu diesem Schluss kommt die amerikanische Psychologin Kristin Neff in ihren Studien über Selbstmitgefühl. Ihre Forschungsergebnisse belegen, dass Menschen, die gut für sich selbst sorgen, sich weit schneller von Lebenskrisen erholen, weniger zu Ängsten, Depressionen und Burn-out neigen und über mehr Selbstvertrauen verfügen. Erst eine gesunde Portion Selbstliebe verleiht uns offenbar die nötige Gelassenheit und innere Stärke für die Bewältigung des Alltags und befähigt uns dazu, unser seelisches Gleichgewicht auch in den Stürmen des Lebens nicht zu verlieren.

Doch seien wir ehrlich: Oft sind wir davon meilenweit entfernt. Stattdessen jagen wir uns rücksichtslos durch den Alltag und geißeln uns noch selbst, wenn uns schließlich die Puste ausgeht. Wie können wir lernen, besser für uns selbst zu sorgen? Ist es möglich, alte Muster wie Selbstvorwürfe und Selbstzweifel aufzulösen und stattdessen Selbstfürsorge und Selbstliebe zu erlernen? Die moderne Hirnforschung ebenso wie die Positive Psychologie beantworten diese Fragen mit einem klaren Ja. Die Hirnforschung spricht in diesem Zusammenhang von der „Neuroplastizität", der Formbarkeit des menschlichen Gehirns. Diese macht es möglich, dass wir bis ins hohe Alter negative Verschaltungen mit neuen positiven Erfahrungen überschreiben, pessimistische Glaubenssätze durch optimistische ersetzen und kritische innere Stimmen durch liebevolle erneuern können. Menschen, die sich selbst verwöhnen können, verfügen über weit mehr Ressourcen und Widerstandskräfte als Menschen, die sich immer antreiben und an der kurzen Leine halten. Und wer gut für sich selbst sorgt, bewahrt sich nicht nur davor, in stressigen Zeiten auszubrennen, sondern öffnet sich für ein reiches und erfülltes Leben.

„Wohltuer" erkennen

Halten Sie im Alltag öfters einmal inne und fragen Sie sich: Was würde mir jetzt richtig gut tun? Hören Sie nach innen. Was sagt Ihnen Ihre innere Stimme? Indem Sie sich öfters die Zeit nehmen, sich bewusst sich selbst zuzuwenden, hilft Ihnen dies, ein besseres Gespür für die eigenen Bedürfnisse zu entwickeln. Wenn Sie feststellen, dass Ihnen dies schwer fällt, dann ziehen Sie sich gleich jetzt mal mit Stift und Papier an einen ungestörten Ort zurück. Stellen Sie sich die Frage: Wie kann ich gut für mich selbst sorgen? Lassen Sie die Frage auf sich wirken. Richten Sie Ihre ganze Aufmerksamkeit auf diese Frage. Atmen Sie diese mit einigen achtsamen Atemzügen in sich ein. Und schreiben Sie dann alles auf, was Ihnen dazu in den Sinn kommt.

Am besten hängen Sie die Liste an einen Platz, wo sie sie gut sehen können, damit Sie Ihre „Wohltuer" im Alltagstrubel nicht wieder vergessen. Und dann tun Sie es! Seien Sie gut zu sich!

Nehmen Sie sich wichtig!

Sie sind es gewohnt, gut für andere zu sorgen? Wie schön von Ihnen! Und wie selbstlos! Doch was ist mit Ihnen? Kümmern Sie sich auch um Ihre Bedürfnisse? Oder dürfen sich diese erst dann zu Wort melden, wenn der Partner zufrieden ist, die Kinder im Bett und die betagten Eltern versorgt, die unglückliche Freundin getröstet und der hungrige Hund gefüttert sind? Dann also, wenn Sie selbst kurz davor sind, vor Erschöpfung umzufallen? Woher wollen Sie auf Dauer die Kraft nehmen, sich gut um andere zu kümmern, wenn Sie sich so auspowern und sich selbst und Ihre Bedürfnisse immer hintanstellen?

Selbstaufopferung ist vor allem ein Thema der Frauen. Sie ist Teil eines veralteten, doch nach wie vor wirksamen Rollenbildes, das Frauen suggeriert, die Bedürfnisse der anderen seien wichtiger als die eigenen. Zweifellos ist es für das menschliche Miteinander und den sozialen Zusammenhalt wichtig, sich mitfühlend um andere Menschen zu kümmern. Doch das heißt ja nicht, dass es immer die Gleichen sind, die das tun müssten, während die anderen sich genüsslich zurücklehnen und sich versorgen lassen. Und fallen Sie bloß nicht dem Irrglauben anheim, dass Sie durch Ihren selbstlosen Einsatz für andere deren Anerkennung und Liebe ernten würden! Anerkennung von anderen erhalten Sie dann, wenn Sie sich selbst wichtig nehmen und dies auch deutlich zeigen. Denn mal ehrlich: Wie sollten andere Sie wichtig nehmen, wenn Sie dies selbst nicht tun?

Atempausen im Alltag

Eine Atempause können Sie sich überall gönnen. Und insbesondere an den Stoppstellen des Lebens, die uns in der Regel mit Ungeduld erfüllen. Nutzen Sie die Wartezeiten an der roten Ampel oder in der Supermarktschlange, um durchzuschnaufen und einige Male bewusst ein- und auszuatmen. Anstatt in der U-Bahn oder im Wartezimmer des Arztes gelangweilt mit dem Handy herumzuspielen, können Sie in dieser Zeit eine kleine Atemmeditation durchführen. Schließen Sie die Augen und konzentrieren Sie sich auf Ihren Atem. Atmen Sie ruhig ein und aus. Bleiben Sie mit Ihrer Aufmerksamkeit bei den Atemzügen. Der Atem ist unser steter Begleiter durchs Leben. Wenn wir ihn uns bewusst zum Freund machen, steht er uns in hektischen und stressigen Zeiten stabilisierend zur Seite. Nutzen Sie ihn so oft wie möglich, um sich innerlich zu zentrieren und zur Ruhe zu bringen.

Das innere Kind hegen und pflegen

In jedem von uns lebt das innere Kind weiter, das wir einmal waren. Manchmal sind wir ihm ganz nahe, es sitzt auf unserem Schoß, wir spielen mit ihm, es erzählt uns aufgeregt von seinen Freuden und vertraut uns seinen Schmerz an. Manchmal aber ignorieren wir es und es sitzt völlig alleingelassen in einem dunklen Winkel unseres Herzens.

Um öfters in Kontakt mit Ihrem inneren Kind zu kommen, könnten Sie sich fragen: Was hat mich als Kind glücklich gemacht? Was waren die Träume meiner Kindheit? Was brachte mein Herz zum Hüpfen und was beschwerte es mit Kummer? Unser inneres Kind hütet die glücklichsten ebenso wie die schmerzlichsten Erfahrungen unseres Lebens. Es ist die Quelle unserer Lebensfreude und Kreativität, aber auch der Hort großer Traurigkeit und Verlassenheit. Wer also Zugang erhalten möchte zu seinen ursprünglichen Gefühlen, sollte dazu bereit sein, die Lebensfreude ebenso wie den Kummer dieses Kindes zu spüren. Denn es ist das Kind in uns, das uns die Wunder der Welt und die Tiefe des Lebens erkennen lässt. Gemeinsam mit ihm können wir das Staunen wieder erlernen und uns wieder verzaubern lassen vom Leben. Wir werden aufmerksam für die vielen kleinen Freuden des Alltags, für all die Dinge, die das Leben schöner und bunter machen, und all die Menschen, die das Leben liebens- und lebenswerter machen.

Das innere Kind befragen

Fragen Sie Ihr inneres Kind: Was wünschst du dir von mir? Was hat dich verletzt? Wie kann ich dich trösten? Hören Sie genau hin. Vielleicht mag es über Wiesen rennen, Pusteblumen pflücken oder im Gras liegen. Vielleicht mag es auch in den Arm genommen und getröstet werden. Tun Sie es! Seien Sie Ihrem inneren Kind eine verlässliche Freundin und ein wohlwollender Freund.

Das Herz erleichtern

Wir neigen dazu, der Außenwelt unsere starke und unverletzliche Seite zu zeigen. Wir wollen erfolgreich, sorglos und unanfechtbar erscheinen und glauben, dass es genau das ist, was uns für andere Menschen interessant und anziehend macht. Doch was, wenn dies ein Trugschluss ist? Entstehen wirklich tiefe Bindungen zwischen uns und anderen nicht vielmehr dadurch, dass wir ihnen unser Herz öffnen und uns in all unserer Komplexität und damit auch unserer Verletzlichkeit zeigen?

Wir alle schlagen uns mit Problemen herum, die nur auf den ersten Blick unterschiedlich erscheinen. Wenn wir genauer hinschauen, stellen wir fest, dass die Probleme anderer den eigenen sehr ähnlich sind. Sicherlich kennen auch Sie das erleichternde Gefühl, mit Gleichgesinnten über die eigenen Schwierigkeiten zu sprechen. Sie blicken in mitfühlende Gesichter und erfahren anteilnehmenden Zuspruch. In dieser Anteilnahme liegt der heilsame Effekt von Gesprächen unter Freunden ebenso wie von therapeutischen Selbsthilfegruppen. Wir teilen unser Leid, das uns das Herz schwer macht, und sprechen von den Hoffnungen, die es erfüllen. Indem wir unser Herz ausschütten, kommen wir mitunter zu völlig neuen und überraschenden Einsichten. Und indem wir der Wahrheit unseres Herzens Ausdruck verleihen und andere Menschen zu Zeugen unserer Erfahrungen machen, geben wir unserem Leben eine tiefere Bedeutung.

Kleiner Tipp

Wenn gerade niemand da ist, dem Sie Ihr Herz ausschütten können, erleichtern Sie dieses doch, indem
Sie sich alles vom Herzen schreiben. Lassen Sie ohne
nachzudenken alle Sorgen und Kümmernisse auf das
Papier fließen. Hören Sie erst dann damit auf, wenn
Ihnen nichts mehr einfällt. Sie werden feststellen:
Sobald Sie Ihre Probleme und bedrückenden Gedanken niedergeschrieben haben, ist Ihnen gleich viel
leichter ums Herz.

Geborgenheit erfahren

Wir alle sehnen uns nach einem sicheren Hafen, einem Ort der Geborgenheit, einem menschlichen Herz, das uns bedingungslos liebt. Wir möchten in der Welt beheimatet sein, uns eingebunden wissen in die Gemeinschaft der Menschen und in uns selbst zu Hause sein. Hierzu tragen Familienbande, gute Freunde und verlässliche Beziehungspartner entscheidend bei. Es tut gut zu wissen, dass wir nicht allein sind, dass jemand zu uns hält – in guten wie in schlechten Zeiten.

Daher sind Freunde für unser Lebensglück so wichtig. Sie gehen mit uns durch dick und dünn, lachen und weinen mit uns über die Freuden und die Kümmernisse des Lebens. Mit geliebten Menschen an der Seite wissen wir uns selbst in den Stürmen des Lebens geborgen. Es ist diese Beziehungswärme, aus der wir neue Kraft schöpfen können.

Gemeinschaft stiftet Geborgenheit. Halten Sie daher Ausschau nach gleichgesinnten Menschen, mit denen Sie sich für etwas engagieren können. Wir leben weit stabiler und zufriedener, wenn wir uns einer oder mehreren Gruppen zugehörig fühlen. Das kann die wöchentliche Yoga-Gruppe sein, die Wandergruppe, ein Literaturkreis oder die ehrenamtliche Mitarbeit in der Flüchtlingsarbeit. Der Gruppengeist fördert den Zusammenhalt und gemeinsame Aktivitäten knüpfen neue Beziehungsnetze. All dies vergrößert den schützenden Kreis der Geborgenheit um Sie und andere.

Schaffen Sie sich Momente der Geborgenheit!

Wie in Kindertagen möchten wir uns an manchen Tagen eine Höhle bauen und uns in ihren Schutz zurückziehen. Schaffen Sie sich in Ihrem Zuhause einen solchen Rückzugsort, an dem Sie sich geborgen wissen. Vielleicht machen Sie es sich auch mit Ihrem Partner gemeinsam auf dem Sofa gemütlich und lesen sich gegenseitig etwas vor. Das erinnert uns an die Gute-Nacht-Geschichten unserer Eltern, bei denen wir uns so einzigartig geborgen fühlten. Und laden Sie doch mal wieder Ihre besten Freunde zu sich nach Hause ein und machen Sie es sich gemeinsam gemütlich. Kochen Sie zusammen, singen, musizieren oder handarbeiten Sie miteinander. Und erzählen Sie sich Geschichten von den kleinen und großen Wundern des Menschseins.

Selbstmitgefühl entwickeln

Wäre es nicht wunderbar, wenn Sie sich selbst die Fürsorge und das Mitgefühl zukommen ließen, die Sie Ihren Kindern, Partnern und Freunden so freigiebig schenken? Wenn Sie sich in guten und schlechten Zeiten selbst schützend zur Seite stehen würden?

Schon ein Augenblick, in dem wir uns mitfühlend und liebevoll uns selbst zuwenden, kann den ganzen Tag verändern. Und viele solcher Momente können unserem Leben eine völlig neue Richtung geben. Anstatt uns also für unsere verletzten Gefühle noch zu schämen, uns dafür zu verurteilen und zu kritisieren, wenden wir uns ihnen lieber zu und hüllen sie in einen Kokon von Mitgefühl ein. Wir laufen nicht vor ihnen davon, sondern nehmen sie liebevoll in unsere Herzen auf. Wir zeigen Erbarmen mit uns selbst und sind freundlich und wohlwollend mit uns. Das ist zugleich die Basis für wahres Mitgefühl mit anderen Menschen. Denn erst die Fähigkeit zu Mitgefühl mit sich selbst macht Mitgefühl mit anderen möglich. Wer gut für sich selbst sorgt, verfügt über die Ressourcen, fürsorglich und liebevoll mit seinen Mitmenschen umzugehen. Dies verhindert auch, dass wir vom Leid der Welt überwältigt werden. Der Dalai Lama erklärt dies mit den folgenden Worten: „Damit jemand echtes Mitgefühl für andere entwickeln kann, muss man zuerst ein Fundament haben, auf dem man Mitgefühl kultivieren kann. Dieses Fundament ist die Fähigkeit, sich mit den eigenen Gefühlen zu verbinden und sich um sein eigenes Wohlergehen zu kümmern."

Ein Mantra des Selbstmitgefühls

In allen spirituellen Traditionen ist das Rezitieren von Mantras bekannt. Traditionell handelt es sich dabei um heilige Silben, Worte oder Verse, die sprechend, singend, flüsternd oder in Gedanken rezitiert werden. Das bekannteste Mantra ist die heilige Silbe OM. Durch die ständige Wiederholung wird in der Meditation Sammlung erzeugt und zugleich auch innere Kraft generiert.

Sie können sich Ihr eigenes Mantra kreieren, das Sie immer dann rezitieren, wenn Sie Selbstmitgefühl benötigen. Finden Sie dafür heraus, welche Worte Ihnen Trost und Kraft spenden. Am hilfreichsten sind ein oder zwei kurze Sätze, die Sie sich gut merken können, wie zum Beispiel: „Alles ist gut." „Ich bin geliebt." „Ich bin geborgen und werde gehalten." „Ich bin beschützt."

Sich selbst annehmen

Das Paradox des modernen Menschen scheint geradezu darin zu bestehen, dass er zwar ständig um sich selbst kreist, aber nicht bei sich ankommt. Dass er geradezu zwanghaft mit sich selbst beschäftigt ist und doch am liebsten jemand anderes wäre. Dass es ihm bei aller Selbstzentrierung an Selbstakzeptanz fehlt. Solange wir aber ein anderer Mensch sein wollen, sind wir weit entfernt von der Selbstliebe. Denn deren Kern ist die Selbstakzeptanz. Die amerikanische Familientherapeutin Virginia Satir fasste die Basis der Selbstliebe in dem einfachen Satz zusammen: „Ich bin ich, nirgendwo gibt es jemanden, der genauso ist wie ich."

Und doch fällt es uns erstaunlich schwer, uns selbst anzunehmen, so wie wir sind. Dabei wäre unser Leben um vieles leichter, wenn wir genau dies täten: unsere Einzigartigkeit und Unverwechselbarkeit erkennen und uns selbst wichtig nehmen würden. Denn ja, wir sind wichtig! Sehr wichtig sogar! Wir sind der einzige Mensch auf der ganzen Welt, mit dem wir unser gesamtes Leben verbringen. Jeden Tag, jede Stunde, jede Minute. Was also spräche dagegen, uns selbst die

Aufmerksamkeit zukommen zu lassen, die wir verdient haben? Wohlwollend mit uns selbst umzugehen, fürsorglich und rücksichtsvoll mit uns zu sein und Nachsicht mit den eigenen Unzulänglichkeiten zu entwickeln?

Die eigene Einzigartigkeit entdecken

Wenn Sie feststellen, dass Sie sich schwer damit tun, sich selbst zu akzeptieren, dann nehmen Sie doch einmal Stift und Papier zur Hand und stellen Sie sich der Frage: Was ist es, was an mir besonders ist? Was zeichnet mich aus? Was habe ich in meinem Leben schon alles erreicht? Worauf kann ich zu Recht stolz sein? Sie können diese Fragen auch Ihrer besten Freundin oder Ihrem besten Freund stellen, wenn Sie selbst keine zufriedenstellenden Antworten finden sollten. Sie werden überrascht sein, wie viele gute Eigenschaften Ihnen andere Menschen attestieren!

Zeige deine Wunde!

„Wende dich nicht ab, halte den Blick auf die wunde Stelle gerichtet, denn dort tritt das Licht ein", schrieb der Sufi-Mystiker Mevlana Rumi. Heilung beginnt immer damit, sich den verletzten Gefühlen zuzuwenden anstatt sie zu verdrängen. So wie eine körperliche Wunde sich nur dann schließen kann, wenn wir Luft an sie lassen, so kann auch eine seelische Wunde nur dann heilen, wenn wir sie ans Tageslicht bringen. „Zeige deine Wunde", sagte daher der Künstler Joseph Beuys.

Wenden Sie sich in einer ruhigen Stunde der Verletzung zu und fragen Sie sich: Welche Gefühle spüre ich? Welche Körperempfindungen werden dadurch ausgelöst? Gut möglich, dass sich heftige Emotionen wie Ärger und Wut zeigen. Vielleicht fühlen Sie auch Angst, Ohnmacht oder Scham. Kein Wunder – schließlich wurden Ihr Selbstwertgefühl und Ihre Integrität verletzt. Wahrscheinlich kommt auch Trauer über das Verlorene auf. Diese Gefühle wollen gesehen und wahrgenommen werden. Indem Sie sich der Wunde zuwenden, indem Sie Trost und Beistand bei geliebten Menschen suchen, können sich diese schmerzhaften Gefühle schließlich wandeln und den Raum öffnen für Verständnis, Mitgefühl und tiefere Erkenntnis. Die Bereitschaft, sich mit dem eigenen Schicksal auszusöhnen, gilt in der Psychologie als eines der auffälligsten Merkmale seelisch widerstandsfähiger Menschen.

Der entscheidende Wendepunkt im Heilungsprozess tritt dann ein, wenn wir nicht mehr länger nach dem Warum fragen, sondern uns der Frage nach dem Wozu zuwenden. Solange wir noch nach dem Warum fragen, sind wir mit unseren verletzten Gefühlen identifiziert. Fragen Sie stattdessen: Wozu wollen mich diese Gefühle herausfordern? Welche Möglichkeiten zur Veränderung bieten sie mir? Dann kann eines Tages vielleicht sogar ein Sinn in der Verletzung aufleuchten.

Sich der Verletzung zuwenden

Im Umgang mit Verletzungen ist es hilfreich, ein Erste-Hilfe-Programm parat zu haben. Nehmen Sie sich gleich nach einer Kränkung die Zeit, in sich zu gehen und zu fragen: „Was fühle ich gerade? Wo kann ich diese Gefühle im Körper wahrnehmen?" Indem Sie so den Handlungsmodus unterbrechen, können Sie auch den Automatismus, mit dem Sie gewöhnlich auf Verletzungen reagieren, ausschalten und sich neue Sichtweisen eröffnen. Horchen Sie achtsam und neugierig in sich hinein. Heißen Sie jedes Gefühl willkommen. Keines ist unangemessen. Benennen Sie die Gefühle, die auftauchen. Die Benennung schafft Distanz und verhindert, dass Sie sich vollständig mit dem Gefühl identifizieren. Sagen Sie daher nicht: „Ich bin zornig, ich bin traurig …", sondern: „Ich fühle Ohnmacht, ich fühle mich verärgert …". Dadurch machen Sie deutlich, dass sie Gefühle haben, dass Sie diese aber nicht sind.

Schmerz lass nach!

Oft wurden wir bereits als Kind mit schmerzhaften und bedrohlichen Gefühlen wie Angst und Traurigkeit allein gelassen. Und so versuchen wir bis heute, uns vor dem Schmerz zu schützen und der Angst zu entfliehen. Doch je öfter wir dies tun, umso mehr geht uns der intensive Kontakt mit unserem Leben verloren. Denn es sind ja gerade unsere Gefühle, die das Leben bunt und lebendig machen. Sie alle wollen gewürdigt und angenommen werden. Wir aber möchten auswählen: Während wir von den glücklichen Gefühlen gar nicht genug bekommen können, würden wir die schmerzhaften am liebsten ganz aus unserem Leben verbannen. Doch so funktioniert das Leben nicht. Unsere Versuche, den Schmerz zu unterdrücken, sind letztlich ebenso vergeblich wie der Versuch, einen Ball unter Wasser halten zu wollen. Irgendwann springt er doch empor und uns mitten ins Gesicht. Genauso finden auch unterdrückte Gefühle immer einen Ausdruck. Anstatt unsere Kraft also sinnlos zu verschwenden, sollten wir sie vielmehr nutzen, um uns mutig und fürsorglich den eigenen Verletzungen zuzuwenden. Und uns dafür entscheiden, schmerzhafte

Gefühle wie Angst, Ohnmacht, Traurigkeit und Scham nicht länger aus unserem Leben hinauszudrängen, sondern ihnen einen Raum im eigenen Herzen zu bereiten. Dann nämlich können diese sich verwandeln und unseren menschlichen Entwicklungs- und Reifungsprozess fördern. Der Benediktinerbruder David Steindl-Rast bringt dies mit seinen Worten deutlich zum Ausdruck: „Es ist mein eigenes Herz, in dem ich Angst, Unruhe, Kälte, Abneigung und Regungen von blinder Wut erkennen muss. Hier in meinem Herzen kann ich Furcht in mutiges Vertrauen, Unruhe und Verwirrung in Stille, Abgetrenntheit in ein Gefühl der Zugehörigkeit, Abneigung in Liebe verwandeln."

Eine kleine Achtsamkeitsmeditation

In dieser Achtsamkeitsmeditation nehmen Sie Kontakt mit Ihren Gefühlen auf. Ziehen Sie sich an einen ungestörten Ort zurück. Geben Sie sich vorab die Erlaubnis, dass Sie diese Übung jederzeit abbrechen können, wenn schmerzhafte Gefühle auftauchen, die Sie momentan überfordern.

Nehmen Sie einige ruhige Atemzüge und öffnen Sie sich. Heißen Sie jedes Gefühl, das nun auftaucht, interessiert und freundlich willkommen. Geben Sie ihm einen Namen. Erforschen Sie, wo es seinen Sitz hat. Welche Gedanken löst es aus? Wird das Gefühl durch körperliche Empfindungen begleitet? Nehmen Sie jedes Gefühl wahr, ohne sich damit zu identifizieren. Beobachten Sie genau, wie Gefühle kommen und auch wieder gehen. Erfahren Sie dabei, dass Gefühle zwar sehr stark sein können, dass sie jedoch auch wieder gehen. Spüren Sie die Erleichterung darüber. Und verabschieden Sie zum Abschluss alle Gefühle freundlich.

Freude, du schöner Götterfunken!

Freude ist reine Herzensenergie. Sie ist eine Empfindung, die beschwingt, erhebt und belebt, ein Gefühl, das aus der Tiefe strömt und Leichtigkeit verleiht. Ganz nebenbei stärkt die Freude auch noch unsere körperlichen und emotionalen Selbstheilungskräfte. Wir können sie fördern, indem wir uns für die vielen kleinen und großen Annehmlichkeiten des Alltags öffnen, für all die Dinge, die das Leben schöner und bunter machen, und für die vielen Menschen, die es liebens- und lebenswerter machen. Zu einem Lebenskünstler werden wir dann, wenn wir die täglichen Situationen des Lebens, die wir nur zu oft als selbstverständlich erachten, bewusst genießen: den duftenden Kaffee am Morgen, die ersten Sonnenstrahlen, die ins Zimmer fallen, das gemeinsame Frühstück mit der Familie. Wer die Schönheit auch in den kleinen Dingen zu entdecken vermag, erhöht den Glücksfaktor seines Lebens. Blicken Sie um sich, lauschen Sie, schmecken, riechen und spüren Sie, welche Geschenke Ihnen das Leben in diesem Augenblick anbietet. Nehmen Sie sich die Zeit, die schönen Momente tief in sich aufzunehmen. Stellen Sie ihre fünf Sinne auf Empfang und kosten Sie die Intensität des Augenblicks aus. Und lassen Sie andere Menschen großzügig daran teilhaben. Denn für die Freude gilt: Geteilte Freude ist doppelte Freude!

Fragen Sie sich:

Was sind die Freudenquellen meines Lebens? Und dann fördern Sie diese, lassen Sie sie sprudeln und sich in Ihrem Leben verströmen. Sammeln Sie Freuden-momente. Sammeln Sie Sternstunden, sodass Sie in schwierigen Zeiten jederzeit darauf zurückgreifen können.

Die Traurigkeit einladen

Auch wenn wir sie nicht so gerne um uns haben: Die Traurigkeit ist eine ebenso wichtige Begleiterin durch das Leben wie die Freude. Denn ein intensives Leben umfasst alle Gefühle: die freudvollen ebenso wie die leidvollen. Wir können nicht die einen in unser Herz einladen und die anderen vor der Tür stehen lassen. Gefühle wollen wahrgenommen, akzeptiert und erspürt werden. Und es sind gerade die schmerzhaften Gefühle, die unserem Leben Tiefe geben, sie sind es, die uns innerlich wachsen lassen und Entwicklung und Reifung ermöglichen.

Die Traurigkeit führt uns zu der Erkenntnis, dass etwas geschehen ist, das nicht mehr zu ändern ist, dass wir etwas verloren haben, was wir nicht mehr zurückerhalten werden. Indem wir der Trauer darüber Raum geben, machen wir uns bereit, den Verlust zu spüren und uns den Auswirkungen zu stellen, die dieser Verlust für unser Leben hat. Das kann sehr schmerzhaft sein. Deshalb brauchen wir in solch einer Situation Mitgefühl und Fürsorge. Teilen Sie Ihre Gefühle mit Menschen, denen Sie vertrauen. Schütten Sie Ihr Herz aus, weinen Sie sich an der Schulter einer guten Freundin oder eines guten Freundes aus. Seien Sie gut zu sich selbst! Sprechen Sie sich Trost zu! Sie brauchen nicht immer stark zu sein. Lassen Sie los und die Traurigkeit zu.

Wie Sie Ihre Traurigkeit befreien können

Die Traurigkeit will nicht nur erkannt, sondern auch gelebt, befreit und erlöst werden. Genau darin liegt ihr heilender Effekt. Geben Sie Ihrer Traurigkeit daher die Möglichkeit, sich ungehindert zu zeigen. Ziehen Sie sich an einen Ort zurück, an dem Sie ungestört sind und von niemandem gehört werden. Nehmen Sie Kontakt mit Ihrer Traurigkeit auf und lassen Sie sie ungehindert fließen. Vielleicht möchten Sie lauthals klagen, wie dies die Klagefrauen in allen Kulturen taten und damit dem Schmerz einen angemessenen Ausdruck verliehen. Lassen Sie die Tränen kommen, weinen Sie, bis Sie sich innerlich befreit und gelöst fühlen.

Trösten Sie sich!

In unserer leistungsorientierten Welt kommen Selbstmitgefühl und Selbstfürsorge immer wieder zu kurz.
Wir reißen uns am Riemen, beißen die Zähne zusammen, stehen auf und laufen weiter, obwohl wir uns
verletzt fühlen und am liebsten k.o. auf der Matte liegen blieben. Wie wäre es, wenn wir einfach mal den
Kampf gegen uns selbst einstellen würden? Uns ein-
gestehen würden: Ich kann nicht mehr! Allein schon
das Eingeständnis wird als entlastend erlebt. Und
genau dieser Moment der Entlastung kann uns unge-
ahnte Kräfte verleihen.

Anstatt also mal wieder die Zähne zusammenzubei-
ßen, könnten wir uns doch auch dafür entscheiden,
uns selbst tröstend zur Seite zu stehen oder uns von
einem geliebten Menschen in die Arme schließen zu
lassen. Und uns in dem angeschlagenen Zustand, in
dem wir uns bereits befinden, nicht auch noch runter-
zumachen und zu schelten, sondern liebevoll und fürsorglich mit uns umzugehen. Uns die Erlaubnis zum
Klagen zu geben. Und uns zu trösten. Trost ist Balsam
für unsere verletzte Seele. Bereits als Kind war es das
beste Heilmittel, wenn wir uns in die Arme unserer

Mutter flüchten konnten, sie uns sanft wiegte und beruhigende Worte ins Ohr murmelte. Dann spürten wir: Es ist halb so schlimm. Alles wird wieder gut. Menschen, die als Kind wenig Trost erfahren haben, wissen oft gar nicht so recht, wie das geht. Und sie lassen sich daher gerade dann, wenn sie am meisten Trost und Fürsorge bräuchten, häufig im Stich. Doch keine Sorge – das Trösten können wir lernen! Was hilft, ist, sich warmherzige und trostspendende Menschen aus seinem Umfeld zum Vorbild zu nehmen. Und sich zu fragen, wie wir unsere beste Freundin trösten würden. Meist fällt es uns nämlich viel leichter, andere zu trösten als uns selbst. Wer aber die eigenen Trostquellen findet, kann sich selbst in Krisenzeiten besser zur Seite stehen, seine Ressourcen nutzen und bei sich Kraft tanken.

Zum Trostspender werden

Wenn gerade niemand da ist, in dessen Armen Sie Schutz und Trost finden können, dann stellen Sie sich vor, dass Sie sich selbst wie ein verletztes Kind in die Arme schließen. Murmeln Sie sich dabei tröstende Worte zu. „Ja, das war wirklich schlimm, doch ich bin jetzt bei dir. Ich stehe zu dir und halte dich." Diese inneren Bilder und Worte sind sehr wirksam und außerordentlich tröstend. Dabei kann es hilfreich sein, sich an die Trostspender des eigenen Lebens zu erinnern. Rufen Sie sich die Menschen in Erinnerung, die Sie als Kind mit ihrer Fürsorge umhegt haben. Spüren Sie das wohlige Gefühl der Geborgenheit, das Ihnen diese geliebten Menschen gaben. Dies ist eine Ressource, auf die Sie jederzeit zurückgreifen können, wenn Sie Trost benötigen.

Dankbar leben

Dankbarkeit ist die Antwort des Herzens auf die Geschenke des Lebens. Ihre Geburtsstunde ist die Achtsamkeit. Denn je mehr es uns gelingt, im Hier und Jetzt zu leben, desto bewusster können wir die vielen schönen Augenblicke des Lebens wahrnehmen und auskosten. Wie wäre es also, wenn wir ganz bewusst nach Situationen und Menschen Ausschau hielten, für die wir dankbar sein können? Nichts und niemanden für selbstverständlich erachteten? Den Menschen Dank sagten, die uns mit ihrer Liebe und Fürsorge auf dem Weg begleiten?

Denn seien wir ehrlich: Oft sind wir doch alles andere als offen für die Geschenke, die das Leben uns so freigiebig präsentiert. Wir nehmen die Fürsorge und Zuneigung anderer Menschen als selbstverständlich hin und glauben selbst von den wichtigsten Ressourcen des Lebens, dass wir ein Anrecht darauf hätten. Wie aber können wir Kinder der Wohlstandsgesellschaft, die so selten etwas entbehren mussten, wieder zu mehr Dankbarkeit finden? Der Benediktinerbruder David Steindl-Rast empfiehlt hierfür, die Dankbarkeit zur täglichen spirituellen Disziplin zu machen. „Die

Dankbarkeit ist eine Form spiritueller Praxis, die den Vorzug hat, dass sie sehr schnell Resultate zeigt. Wenn wir uns am Morgen vornehmen, dankbar zu sein für alles, was uns diesem Tag begegnet, werden wir am Abend bereits spürbar glücklicher sein."

Dass Dankbarkeit uns zu glücklicheren Menschen macht, bestätigt auch die Positive Psychologie. Denn wir haben immer die Wahl zu entscheiden, was wir in unserem Leben fördern wollen und wie wir auf das, was uns geschehen ist, blicken. So können wir bis an unser Lebensende anderen Menschen grollen, weil sie unsere Erwartungen nicht erfüllt haben, oder wir entscheiden uns, ihnen dankbar dafür zu sein, dass sie ihr Bestmöglichstes versuchten. Üben Sie sich in der nächsten Zeit bewusst darin, auf die positiven Ereignisse des Lebens zu blicken.

Die Dankbarkeit ins Leben einladen

Um sich in Dankbarkeit zu schulen und damit zu mehr Zufriedenheit zu finden, empfiehlt Bruder David Steindl-Rast, ein Dankbarkeitstagebuch anzulegen, in das Sie jeden Abend mindestens fünf Situationen, Dinge oder Begegnungen eintragen, für die Sie dankbar sind. Lassen Sie hierfür in Gedanken den Tag noch einmal Revue passieren. Nehmen Sie all die kleinen und großen Geschenke wahr, die Ihnen das Leben gemacht hat: die ersten Frühlingsblumen, die Freundlichkeit der Frau an der Supermarktkasse. Es gibt so viele Gelegenheiten, sich im täglichen Leben zu freuen! Wir müssen sie nur wahrnehmen und wertschätzen lernen. Das verändert unseren Blick auf die Welt und das Leben von Grund auf. Mit einer dankbaren Grundhaltung werden Sie schon bald feststellen können, wie sich in Ihrem Leben mehr Zufriedenheit und Lebensfreude ausbreiten.

Ein Netzwerk der Verbundenheit knüpfen

Niemand ist eine Insel. Wir Menschen brauchen einander. Wir sind keine Einzelkämpfer, sondern Gemeinschaftswesen. Oft machen wir uns das Leben unnötig schwer, weil wir nicht nach rechts und links schauen und die Zähne zusammenbeißen, anstatt den Mund aufzumachen und um Hilfe zu bitten. Doch wir müssen nicht alles allein schaffen. Und wir müssen uns auch nicht durchs Leben kämpfen. Dies gilt gerade für diejenigen unter uns, die schon früh im Leben ihre Unabhängigkeit und Stärke unter Beweis stellen mussten. Zu glauben, dass wir alles allein schaffen könnten, ist ein Trugschluss. Ein gefährlicher zudem. Spätestens bei einer schweren gesundheitlichen Krise, in der wir auf die Hilfe anderer angewiesen sind, wird dies jedem von uns bewusst. In Krisen sind gute zwischenmenschliche Beziehungen geradezu lebensnotwendig. Ja, es stimmt – Menschen vermögen in schweren Krisen Erstaunliches zu schaffen und zu meistern. Doch immer berichten sie danach, dass ihnen dies ohne die Unterstützung liebevoller Menschen nicht möglich gewesen wäre. Scheuen Sie daher nicht davor zurück, andere Menschen um Hilfe zu bitten. Und helfen auch Sie anderen bereitwillig. So weben Sie an einem Netz der Verbundenheit, das Sie durch das Leben trägt und auf das Sie gerade in schweren Zeiten vertrauen können. Denn alles, was Sie in dieses Netzwerk einspeisen, nährt Sie selbst. Suchen Sie nach Gemeinschaften, die tragen. Schaffen Sie sich ein stabiles Netz von Familienangehörigen, Freunden, Bekannten und Gleichgesinnten, von Menschen also, die die guten Zeiten freudig mit Ihnen teilen und in schweren Zeiten für Sie da sind.

Fragen Sie sich:

An wen kann ich mich wenden, wenn ich Hilfe brauche? Wer gibt mir das Gefühl von Geborgenheit, wenn ich Trost brauche? Wer ist für mich da, in guten und in schlechten Zeiten? Und wäre es nicht mal wieder an der Zeit, meiner besten Freundin oder meinem besten Freund Dank zu sagen?

Sei gut zu anderen!

Es ist ganz einfach, sagen uns die Weisen: Wenn es dir schlecht geht, dann hilf Menschen, denen es noch schlechter geht. Danach geht es nicht nur den anderen, sondern auch dir selbst besser. Weshalb das so ist? Wir erhalten Kraft, wenn wir anderen Kraft geben. Und es macht uns glücklich, wenn wir andere glücklich machen. Die amerikanische Bürgerrechtsikone Maya Angelou, die als schwarze Frau in den Südstaaten himmelschreiendes Unrecht erleben musste, erkannte schon früh, wie wichtig es ist, nicht im eigenen Leid zu verharren, sondern sich engagiert für die Beendigung des Leides in der Welt einzusetzen: „Wirf dich in den Kampf und mach die Welt ein Stück besser. Es kann besser werden, und es muss besser werden, aber es hängt von uns selbst ab." Was nichts anderes heißt, als weniger über sich selbst und seine Probleme nachzugrübeln, sondern mehr darüber nachzudenken, wie wir anderen helfen können. Die Nabelschau zu beenden, nicht immerzu um sich selbst zu kreisen und stattdessen den Fokus auf die Menschen zu richten, die unserer Hilfe bedürfen. Denn es tut gut, anderen zu helfen. Gerade dann, wenn wir uns selbst mutlos fühlen, erhalten wir dadurch neuen Mut. Studien der aktuellen Glücksforschung belegen das. Und genau darin liegt auch das Erfolgsrezept von Menschen wie Maya Angelou, die schweres Unglück erleiden mussten. Sie fassten den Entschluss, andere Menschen vor einem ähnlichen Schicksal zu bewahren und denjenigen, denen dies bereits widerfahren ist, mit ihrer Erfahrung beizustehen. Anstatt die Traurigkeit in der Welt mit der eigenen Traurigkeit noch zu vergrößern, können wir uns also dafür entscheiden, das Leid anderer Menschen und damit auch unser eigenes zu verkleinern.

Kleiner Tipp

Beherzigen Sie in schwierigen Zeiten die Worte des Sängers Bob Dylan: „Ich verrate dir die magische Formel: Du musst rausgehen und jemandem helfen, der weniger Glück hat als du. Geh zu einem Waisenhaus, spiel mit den Kindern Fußball, besuch Seniorenheime, hilf bei Suppenküchen, geh in Gefängnisse, besuch ein paar Leute; überall gibt es Menschen, denen es nicht so gut geht wie dir. Egal, wie schlecht es dir geht, es gibt jemanden, dem es schlechter geht."

4. Selbstentfaltung –
Den Geist nähren

„Das Glück hängt von den guten

   Gedanken ab, die du hast.“

Mark Aurel

I am what I am!

In uns allen wohnt die Sehnsucht danach, unserem wahren Selbst Ausdruck zu verleihen. Wir wollen authentisch und echt sein, nicht das, was andere in uns sehen oder aus uns machen. Wir wollen der Mensch sein, der wir wirklich sind, ohne uns formen und verformen zu lassen von Konventionen, Regeln und Vorschriften und ohne uns jagen zu lassen von Verpflichtungen und Terminen. Wir wollen unserer Seele den Raum und die Zeit geben, um sich zu entfalten, zur Lebenskraft in uns vordringen, wie ein Baum die Wurzeln tief in die Erde graben und die Blätter der Sonne entgegenhalten. Wir sehnen uns danach, Zugang zu dieser Urenergie zu finden, von der wir wissen, dass sie in uns schlummert. Wir möchten zur Stimme der Weisheit in uns vordringen, die nie aufhört, uns beim Namen zu rufen. Ihr Ruf gilt einem leidenschaftlichen und selbstbestimmten Leben. Und genau hier liegt unsere Kraft. Hier sind wir stark, wild und frei. Viel zu oft schon haben wir ihre Stimme überhört und uns lieber in unserer kuscheligen Komfortzone eingerichtet. Die Sehnsucht nach dieser Ursprünglichkeit aber bleibt und treibt uns an. Leidenschaft, Kreativität und

ungezügelte Lebenskraft sind ihr Ausdruck. Ihnen gilt
es Raum in unserem Leben zu geben.

Kleiner Tipp

Suchen Sie den Kontakt mit dieser ungezügelten Lebenskraft. Gehen Sie in die Wälder und erspüren Sie die Kraft der Bäume. Fahren Sie ans Meer und lassen Sie sich von dessen mächtigen Wellen wiegen. Besteigen Sie einen Berg und blicken Sie in die endlose Weite. Entzünden Sie ein Feuer und erwärmen Sie sich an dessen wilder Energie. Erkennen Sie, dass Sie Teil des großen Tanzes des Universums sind. Und werden Sie zum leidenschaftlichen Tänzer Ihres Lebens!

Das Leben beim Schopf packen

Das Leben liegt in all seiner Fülle immer schon ausgebreitet vor uns. Es ist an uns, diese Einladung anzunehmen und beherzt danach zu greifen. Denn ein erfülltes Leben wird uns nicht einfach so geschenkt, wir müssen uns schon dafür entscheiden und es beim Schopfe packen. Genau das aber verpassen wir so häufig, weil wir an unseren Gewohnheiten festhängen anstatt neuen Impulsen zu folgen. Es erfordert ja auch Mut, vertraute Sicherheiten hinter sich zu lassen und sich dem Unbekannten zu öffnen. Manchmal kann schon das Wort „Veränderung" Angst auslösen, weil wir befürchten, wir müssten nun alles umgehend hinwerfen, unseren Partner verlassen, den Job kündigen und Haus und Hof hinter uns lassen. Doch so dramatisch sind Veränderungen meist gar nicht. Vielmehr geht es darum, von Gewohnheiten Abschied zu nehmen, die uns nicht guttun; von Menschen, die uns einengen; von Einstellungen, die unser Leben erschweren; von Umständen, die uns unglücklich machen. Es geht darum, auch einmal ein Risiko einzugehen und etwas zu wagen, die eigenen Grenzen zu erweitern und zu überschreiten. Je mehr wir uns dabei von unseren althergebrachten Vorstellungen über uns selbst lösen, desto aufregender werden die Abenteuer, die das Leben für uns bereithält.

Lassen Sie sich von den Worten der unkonventionellen Schriftstellerin Colette inspirieren, die einst sagte: „Du wirst Dummheiten machen, aber tue sie mit Begeisterung."

Just do it!

Überraschen Sie sich doch selbst einmal damit, neuen Möglichkeiten mit einem lautstarken Ja statt mit dem gewohnten Nein zu begegnen. Gönnen Sie sich einmal genau das, was Sie sich normalerweise nicht gestatten. Brechen Sie bewusst mit einer Gewohnheit und tun sie etwas, was sie verunsichert. Geben Sie sich die Erlaubnis, aus der Reihe zu tanzen, und nehmen Sie es lachend in Kauf, dabei wie eine Närrin oder ein Narr auszusehen.

Vertraue dir selbst!

Unser Selbstbild entscheidet maßgeblich darüber, wie wir uns verhalten, wie andere uns sehen und was wir in der Welt erreichen. Denn meist sind es gar nicht so sehr die äußeren Umstände, die uns begrenzen. Wir selbst tun es. Indem wir uns kleiner machen als wir sind. Indem wir unser Licht unter den Scheffel stellen. Indem wir immer noch auf die Stimmen aus unserer Kindheit hören, die uns zuflüstern: Das kannst du nicht, dazu bist du zu schwach, zu ungeschickt, zu dumm ...

Haben wir vielleicht tatsächlich Angst vor unserer wahren Größe, wie die amerikanische Schriftstellerin Marianne Williamson es einmal in die folgenden Worte fasste? „Unsere tiefste Angst ist es nicht, ungenügend zu sein. Unsere tiefste Angst ist es, dass wir über alle Maßen kraftvoll sind. Es ist unser Licht, nicht unsere Dunkelheit, das wir am meisten fürchten."

Uns selbst klein zu machen, nützt aber weder uns noch der Welt. Wir sollten vielmehr unser Licht zum Strahlen bringen. Unsere Größe zeigen, damit wir alle größer werden. Uns von der Angst befreien, damit alle angstfreier leben können. Uns selbst ermächtigen, um andere zu ermächtigen. Das fordert von uns, am eigenen Selbstbild zu arbeiten und dieses positiv zu verändern. Selbstgesteckte Grenzen zu sprengen und Chancen für Wachstum zu erkennen und wahrzunehmen. Sich nicht von der Vergangenheit dominieren und sich nicht von alten Glaubenssätzen und althergebrachten Überzeugungen verformen zu lassen. Wir müssen abschütteln, was uns übergestülpt wurde, was wir aber gar nicht sind. Dann werden wir schließlich erkennen, dass uns jeder Tag die Chance bietet, zu dem Menschen zu werden, der wir wirklich sind.

Ein Ritual der Selbstliebe

Wie wäre es, wenn Sie sich selbst jeden Tag eine Liebeserklärung machen würden? Wenn Sie beim Blick in den Spiegel sagen würden: Ich liebe dich! So ein alberner Vorschlag, denken Sie nun vermutlich. Tun Sie es trotzdem! Sie werden schon bald feststellen, dass es sich hierbei um eine sehr wirkungsvolle Übung handelt. Denn meist suchen wir im Spiegel doch nur nach Mängeln und überlegen, was wir verbessern könnten: Wir bürsten die Haare, ziehen den Lippenstift nach, legen die straffende Tagescreme auf. Diese Übung hingegen zielt darauf ab, das Liebenswerte und Schöne an uns zu entdecken. Schauen Sie daher beim nächsten Blick in den Spiegel nicht gleich wieder kritisch auf die Falten um die Augen. Lächeln Sie sich freundlich zu. Und machen Sie sich selbst eine Liebeserklärung. Tun Sie dies jeden Tag. Sie werden feststellen, dass sich bereits nach wenigen Tagen Ihr Selbstbild verändert, dass Sie freundlicher und fürsorglicher zu sich selbst sind und sich zunehmend liebenswerter finden.

Eigenlob tut gut

Wir sind wahre Weltmeister darin, uns selbst zu kritisieren. Und ziemlich schlecht darin, uns zu loben. Dabei tut es so gut, gelobt zu werden! Ein Wort der Anerkennung, ein Kompliment kann uns den ganzen Tag versüßen. Wir fühlen uns motiviert und zu neuen Taten angespornt, unser Selbstbewusstsein wächst und wir trauen uns zu, die Welt aus den Angeln zu heben. Weshalb also loben wir uns nicht öfters mal selbst? Wir müssen damit doch gar nicht warten, bis jemand anderes es tut.

Wieso nur blicken wir immer so kritisch auf das, was uns nicht gelungen ist? Und weshalb betrachten wir unsere Erfolge im Alltag als selbstverständlich? Weshalb fällt es uns so schwer, stolz auf uns selbst zu sein und unsere kleinen und großen Erfolge zu feiern? „Eigenlob stinkt", wurde uns bereits als Kind vorgehalten, wenn wir berstend vor Stolz heimkamen und freudestrahlend davon erzählten, was uns geglückt war. Anstatt sich mit uns zu freuen, wurden wir von den Erwachsenen für unsere stolz verkündeten Erfolge gemaßregelt. Und so verinnerlichten wir bereits frühzeitig, dass es irgendwie nicht rechtens ist, sich über die eigenen Leistungen zu freuen. Wir hörten auf, darüber zu sprechen. Schließlich bemerkten wir sie nicht einmal mehr.

Daher ist es heute umso wichtiger, bewusst auf die Errungenschaften im Leben zu blicken. Und damit aufzuhören, sich selbst zu kritisieren, zu verurteilen und unter Druck zu setzen. Was haben wir nicht schon alles geschafft! Geben Sie sich die Wertschätzung, die Sie verdienen! Klopfen Sie sich öfters mal anerkennend auf die eigene Schulter. Sagen Sie sich: „Das habe ich gut gemacht" und belohnen Sie sich. Gönnen Sie sich ein Gläschen Sekt und feiern Sie mit anderen. Nur wenn wir unseren Erfolgen auch Raum geben, können diese unser Leben reicher machen. Erzählen Sie anderen Menschen davon. Sie müssen sich ja nicht damit brüsten, doch Sie können Ihrer Freude Ausdruck geben und diese mit anderen teilen. Genießen Sie Ihren Erfolg!

Die eigenen Erfolge wahrnehmen

Lassen Sie am Abend den Tag in Gedanken Revue passieren und rufen Sie sich Situationen in Erinnerung, auf die Sie zu Recht stolz sein können. Was ist Ihnen an diesem Tag gut gelungen? Blicken Sie dabei nicht nur auf Ihre beruflichen Erfolge, sondern auf die vielen herausfordernden Situationen im Alltag, die Sie bewältigt haben. Vielleicht schreiben Sie alles auf, was Ihnen dazu in den Sinn kommt. Vielleicht entscheiden Sie sich auch dafür, ein kleines „Erfolgstagebuch" anzulegen, mit dem Sie sich in Zeiten des Selbstzweifels neu motivieren können.

Negative Glaubenssätze entschärfen

Wundern auch Sie sich manchmal über die spielerische Leichtigkeit, mit der manche Menschen ihre Talente erfolgreich einsetzen, während andere mit den gleichen Gaben von einem Misserfolg zum nächsten jagen? Ist das Zufall? Oder gar Schicksal?

Aus psychologischer Sicht sind es die Glaubenssätze, die der Selbstverwirklichung und dem Erfolg mancher Menschen im Wege stehen. Bei diesen Glaubenssätzen handelt es sich um frühe, durch die Erziehung verinnerlichte Botschaften, die in unserem Unterbewusstsein den Erfolg sabotieren. Glaubenssätze wie „Ich verdiene es nicht, ein erfolgreiches Leben zu führen" oder „Ich muss um mein Überleben kämpfen". Durch ihre negative Grundhaltung blockieren diese Glaubenssätze unsere freie Entfaltung und verhindern unser Wachstum. Sie rauben uns die Zuversicht und nehmen uns den Mut, Neues in Angriff zu nehmen. Es ist daher von großem Nutzen, sie zu erkennen, denn wenn wir sie erst einmal erkannt haben, können wir sie mit positiven Affirmationen ausbalancieren und entschärfen.

Mit positiven Affirmationen arbeiten

Vielleicht nehmen Sie sich an dieser Stelle einmal einige Minuten Zeit, um in sich hineinzuhören. Sagen Sie sich dabei den Satz: „Ich verdiene ein erfülltes und erfolgreiches Leben." Was geschieht in Ihrem Inneren? Welche Stimmen melden sich zu Wort? Trifft die Aussage auf Zustimmung oder auf Ablehnung? Oft lösen positive Affirmationen umgehend einen ganzen Schwall an alten Glaubenssätzen und negativen Reaktionen aus. Es ist wichtig, um diese zu wissen, denn sie unterwandern unseren Erfolg und blockieren unseren Wachstumsprozess. Wählen Sie eine positive Affirmation, mit der Sie in der nächsten Zeit Ihres Lebens arbeiten wollen. Schreiben Sie diese auf und hängen Sie diesen Zuspruch an einen Ort, wo er gut sichtbar ist, vielleicht am Spiegel in Ihrem Badezimmer oder an der Pinnwand über ihrem Schreibtisch. Affirmationen sind wirksame Beschützer gegen Erfolgsängste und wappnen uns gegen den Ansturm negativer Gedanken.

Die Antreiber entschärfen

Frühe Prägungen bestimmen bis heute unser Leben. Und allzu oft hören wir noch immer auf die kritischen Stimmen unserer Eltern und frühen Bezugspersonen, die wir so tief verinnerlicht haben, dass wir meinen, es wären unsere eigenen. Stimmen, die uns dazu antreiben, ein anderer, ein „besserer" Mensch zu werden. Nie scheinen wir deren Erwartungen zu genügen: „Streng dich an!", „Sei perfekt!", „Mach schneller!", „Sei stark!", „Pass dich an!", ermahnen sie uns. Die Psychologie nennt diese Stimmen unsere inneren Antreiber. Kaum jemand, der nicht von einem oder mehrerer dieser anstrengenden Sätze angespornt, wenn nicht gar durchs Leben gejagt wird.

Zweifellos erfüllen diese Antreiber auch eine wichtige Funktion in unserem Leben. Sie motivieren uns, geben uns Kraft zum Handeln und erhöhen unsere Leistungsbereitschaft. Ohne sie würden wir viele Ziele weder anstreben noch erreichen. Zum Problem werden sie jedoch dann, wenn sie uns nicht bewusst sind und doch unser Leben beherrschen. Dann nämlich verursachen sie enormen Stress. Und mitunter auch großes Leid.

Es ist daher von großem Vorteil, die eigenen Antreiber zu erkennen. Denn wenn wir diese erst einmal identifiziert haben, verlieren sie ihre Macht über uns und bestimmen nicht mehr unbemerkt unser Denken und Handeln. Dann können wir ihnen den Wind aus den Segeln nehmen, indem wir ihnen positive Botschaften, sogenannte Erlauber, an die Seite stellen: „Ich bin gut so, wie ich bin, ich darf auch mal Fehler machen, ich darf mich auch mal ausruhen, ich darf Schwächen zeigen und mir Hilfe holen, ich bin so, wie ich bin und das ist gut so!"

Kleiner Tipp

Sie können Ihre eigenen Antreiber ganz einfach identifizieren, indem Sie einen Freund oder eine Freundin
bitten, Ihnen die oben genannten Sätze ein paar Mal
hintereinander laut vorzusagen. Sie werden an Ihrer
gefühlsmäßigen Reaktion schnell erkennen können,
welcher oder welche Antreiber in Ihnen aktiv sind.
Wenn Sie Ihre Antreiber erkannt haben, dann überlegen Sie sich für diese die passenden „Erlauber". Rufen
Sie sich diese immer dann in Erinnerung, wenn Ihre
Antreiber Sie wieder einmal durchs Leben jagen.

Die Wunder der Welt wahrnehmen

Wir leben in einer Welt voller Wunder, Geheimnisse und Schönheit. Doch oft laufen wir wie mit Scheuklappen durch diese Welt und sind gar nicht dazu imstande, ihre Fülle wahrzunehmen, geschweige denn auszukosten. Dabei halten wir doch den Schlüssel für ein glückliches Leben in der eigenen Hand.

„Wir müssen uns in den Dingen üben, die glücklich machen." Diesen Rat gab uns der griechische Philosoph Epikur bereits vor mehr als 2000 Jahren mit auf den Weg. Wir aber scheinen weit mehr in der Kunst des Unglücklichseins als in der Kunst der Lebensfreude geschult zu sein. Dass dies nicht so bleiben muss, sagen uns heute sowohl die Positive Psychologie als auch die Hirnforschung. Denn sie lehren, dass wir uns in jedem Augenblick unseres Lebens entscheiden können, worauf wir unsere Aufmerksamkeit richten wollen. Wenn wir bewusst auf das Schöne und Angenehme im Leben blicken, können wir eine positive und freudvolle Grundeinstellung in uns verankern. Und je achtsamer wir diese Momente wahrnehmen und je intensiver wir sie genießen, desto nachhaltiger prägen sich diese als neuronale Verschaltungen in unserem

Gehirn und damit als Glücksspuren in unserem Leben ein. Wer sich also darin schult, das Schöne in den einfachen Dingen des Lebens zu finden, befindet sich per se auf einem Glücksweg.

Suchen Sie daher bewusst nach Gelegenheiten, angenehme Sinneserfahrungen zu machen. Und nehmen Sie sich ausgiebig Zeit, diese Momente auszukosten und ganz bewusst in sich aufzunehmen. Sie werden spüren, wie sich dadurch eine innere Stärke und Gelassenheit in Ihnen ausbreitet, auf die Sie auch in Stresszeiten und Lebenskrisen vertrauensvoll zurückgreifen können. Schauen Sie sich um! Was können Sie gerade jetzt in Ihrer Umgebung entdecken, das Ihnen Glücksgefühle bereitet? Teilen Sie diese Glücksgefühle großzügig mit anderen. Denn wie schon der große Humanist Albert Schweitzer erkannte: „Das Glück ist das Einzige, was sich verdoppelt, wenn man es teilt."

What a Wonderful World!

Nehmen Sie sich für Ihren nächsten Spaziergang in der Natur oder beim Stadtbummel vor, nur Angenehmes in Ihrer Umgebung wahrzunehmen. Vielleicht möchten Sie sich zur Einstimmung den Song „What a Wonderful World" von Louis Armstrong anhören. Machen Sie sich bewusst: Unsere Stimmung hängt ganz entscheidend davon ab, was wir in unser Blickfeld nehmen und wie wir dieses interpretieren. Veranstalten Sie einen kleinen Wettbewerb mit sich selbst und nehmen Sie so viele Dinge und Situationen wie möglich wahr, an denen Sie sich erfreuen können. Welche schönen Dinge säumen Ihren Weg? Was gefällt Ihnen an den Menschen, denen Sie begegnen? Erfreuen Sie sich am Glück der Liebespaare, der Lebenserfahrung in den Gesichtern alter Menschen, der ausgelassenen Lebensfreude der Kinder. Mit welcher Schönheit überrascht Sie die Natur? Blicken Sie in die Weite des Himmels und auf die bauschigen Wolken, die auf diesem entlangziehen. Erfreuen Sie sich lächelnd an der Schönheit dieser Welt!

Neues wagen

Wäre es nicht mal wieder an der Zeit, aus dem Alltagstrott auszuscheren, die tägliche Routine zu durchbrechen und aufzubrechen zu neuen Ufern?

„Gehen Sie mindestens einmal im Jahr an einen Ort,
an dem Sie noch nie waren", empfiehlt der Dalai Lama
für ein glückliches Leben. Weshalb? Inneres Wachstum gelingt am besten im Neuland. Hier können wir
unser Leben aus einer ungewohnten Perspektive
wahrnehmen. Denn oft haben wir viel zu viele Vorstellungen davon, wer wir sind, wie wir sind und
warum wir so sind. Wir schleppen den Ballast eines
ganzen Lebens mit uns herum. Das Neue aber braucht
Freiraum, um sich zeigen und entfalten zu können.
Ein erster Schritt wäre daher, sich von etwas Altem zu
trennen. Lassen Sie frische Luft in Ihr Leben! Befreien
Sie Ihre Wohnung von überflüssigem Ballast! Misten
Sie Ihren Kleiderschrank aus und entfernen Sie Relikte
längst vergangener Zeiten aus Ihrem Bücherregal und
Ihren Schubladen. Der östlichen Wohnlehre des Feng
Shui zufolge können wir uns an einem Ort, voll-
gestopft mit Altem, gar nicht für Neues öffnen. Wie
auch sollte in einem Haus, be- und überfrachtet mit

der Vergangenheit, die Zukunft einen Fuß in die Tür kriegen?

Verrücken Sie doch mal wieder die Möbel, streichen Sie die Wände in neuen Farben und schmücken Sie diese mit Bildern, die Sie inspirieren. Wählen Sie einen anderen Weg zur Arbeit und treten Sie damit bewusst aus dem Alltagstrott aus. Entscheiden Sie sich für einen pfiffigen neuen Haarschnitt und ziehen Sie genau die Kleider an, die Ihnen bislang als zu gewagt erschienen. Setzen Sie sich am gemeinsamen Esstisch mal an einen anderen Platz und bringen Sie dadurch das gesamte Familiengefüge aus dem Gewohnheitstrott und dem Gleichgewicht. Buchen Sie Ihren nächsten Urlaub an einem fernen und unbekannten Ort und brechen Sie auf zu neuen Abenteuern.

Was würde ich gerne tun?

Wenn Sie noch Schwierigkeiten damit haben, Neues zu wagen, kann ein kleines Brainstorming Sie dazu inspirieren, spielerisch Neues in Ihr Leben einzuladen. Hierfür benötigen Sie nur einige Blätter Papier, einen Stift und einen ungestörten Ort:

- Schreiben Sie ganz spontan fünf Dinge auf, die Sie vielleicht nie tun würden, die aber so klingen, als ob sie jede Menge Spaß machen würden.
- Zählen Sie fünf aufregende Hobbys auf, die Sie gerne einmal ausprobieren würden.
- Schreiben Sie fünf Albernheiten auf, die Sie gerne tun würden.

Nehmen Sie sich vor, einige dieser Dinge in den nächsten Wochen auszuprobieren!

Gute Begegnungen suchen

Wer gibt Ihnen neuen Schwung, wenn Sie erschöpft sind? Wer bringt Sie zum Lachen, wenn Ihre Stimmung im Keller ist? Finden Sie heraus, wer die Menschen sind, die Ihnen guttun, und suchen Sie deren Nähe! Und vermeiden Sie soweit wie möglich die Gesellschaft von Menschen, die Sie nach unten ziehen. Woran Sie Letztere erkennen? Hören Sie auf Ihren Körper und spüren Sie, ob Sie sich in der Gegenwart Ihres Gegenübers entspannt oder verkrampft fühlen. Waren Sie am Beginn des Gesprächs noch voller Zuversicht und sind danach von negativen Gedanken erfüllt? Seien Sie auf der Hut vor Menschen, die keinen Humor haben und Sie mit negativer Energie beschweren. Meiden Sie Menschen, die Ihnen Ihre Erfolge missgönnen. Und verabschieden Sie Energieräuber aus Ihrem Leben. Dazu gehören die Menschen, die Ihnen immerzu von ihren Problemen erzählen, ohne ein einziges Mal danach zu fragen, wie es Ihnen eigentlich geht.

Fragen Sie sich: An wen kann ich mich wenden, wenn ich einen guten Rat oder ein Feedback brauche? Und wer hört mir zu, ohne mich gleich belehren zu wollen, wenn ich jemanden zum Aussprechen brauche? Mit wem kann ich mich amüsieren und lachen und Spaß haben? Und wer steht zu mir in den schweren Stunden des Lebens?

Die Zahl der guten Freunde, die all diese Kriterien abdecken, ist begrenzt. Doch neben diesen gibt es noch so viele andere Menschen, die unser Leben verschönern und vertiefen können, die es bunt, leicht und lebenswert machen. Menschen, mit denen wir kreativ sein können, gemeinsam Neues in die Welt bringen, mit denen wir angeregt über Gott und die Welt diskutieren und ausgelassen tanzen und feiern können.

Neue Netzwerke knüpfen

Finden Sie heraus, welche Menschen für Sie in welchen Situationen gut sind. Es ist durchaus möglich, dass diejenigen, mit denen Sie wunderbar vergnügte Abende verbringen, nicht unbedingt diejenigen sind, mit denen Sie Ihre Partnerschaftsprobleme besprechen sollten. Vielleicht stellen Sie auch fest, dass es Bereiche in Ihrem Leben gibt, in denen es Ihnen an Gleichgesinnten mangelt, vielleicht im Freizeitbereich oder für Besuche von Kultur- und Tanzveranstaltungen. Suchen Sie Orte auf, an denen Sie diese kennenlernen können. Oder nutzen Sie das Internet, um Kontakte in Ihren Interessensgebieten zu knüpfen. Seien Sie offen für neue Bekanntschaften, machen Sie Ihr Interesse an anderen Menschen deutlich, indem Sie Adressen austauschen oder ein Wiedersehen vorschlagen. So können Sie ein Netzwerk knüpfen, das Sie in verschiedenen Lebensbereichen trägt und inspiriert.

Krisen meistern

Krisen können wir nicht vermeiden. Doch wir können entscheiden, wie wir mit ihnen umgehen. Hierfür empfiehlt es sich, in guten Zeiten die inneren Kraftquellen und das Vertrauen in die eigenen Fähigkeiten zu stärken, um in Krisenzeiten darauf zurückgreifen zu können. Die Psychologie nennt dies „Selbstwirksamkeit": Wir fühlen uns dem Schicksal nicht hilflos ausgeliefert, sondern machen uns bereit, diesem beherzt entgegenzugehen und es zu meistern. Wir lassen die Flügel nicht hängen, sondern stärken diese für den Phönixflug aus der Asche.

Dabei hilft es, sich an frühere Erfolge zu erinnern: Was habe ich schon alles geschafft und gemeistert? Auf welche Ressourcen konnte ich dabei zurückgreifen? Nehmen Sie sich resiliente Menschen zum Vorbild, um aus deren Verhalten in Lebenskrisen zu lernen. Besonders eignen sich alte und lebenserfahrene Menschen, die schwere Zeiten überstanden und auf ihrem Lebensweg zu einer tiefen Gelassenheit und Zuversicht gefunden haben.

Indem wir Krisen nicht als unlösbare Probleme, sondern als Herausforderungen betrachten, können wir unseren Blick gezielt darauf richten, was wir tun und ändern können. Ergreifen Sie die Initiative und handeln Sie, anstatt den Kopf in den Sand zu stecken. Behalten Sie die Zukunft im Auge und erwarten Sie das Beste. Wenn wir eine optimistische Einstellung gewinnen und uns einen glücklichen Ausgang der Situation vorstellen, besiegen wir Angst und Selbstzweifel. Wir beginnen zu akzeptieren, dass Veränderungen zum Leben dazugehören. Und begreifen, dass es Dinge gibt, die wir beim besten Willen nicht ändern, sondern letztlich nur annehmen können.

Kleiner Krisentipp

Sorgen Sie gut für sich! Und verlieren Sie nicht die Hoffnung. Stellen Sie sich doch einmal der Frage, wozu Sie das Leben mit dieser Krise herausfordern will. Damit öffnen Sie sich dem Potenzial zur Veränderung. Vielleicht bietet Ihnen die Krise dann eine Möglichkeit zu Entwicklung und Wachstum. Machen Sie sich bewusst: Alles geht vorüber. Nichts bleibt. Das gilt auch für die Krisenzeiten unseres Lebens. Hoffen Sie auf einen guten Ausgang und bewahren Sie sich den Willen, sich nicht unterkriegen zu lassen. Vielleicht kann dann sogar ein Sinn in der Krise aufscheinen. Nehmen Sie sich einen Boxer zum Vorbild, der im Ring zu Boden geht, angezählt wird, aufsteht und seine Taktik ändert.

Was ich mir wert bin

In unserem Verhältnis zum Geld zeigt sich, was wir uns selbst wert sind. Gehen wir liebevoll und großzügig mit uns um und erlauben uns die Erfüllung unserer Wünsche? Oder sind wir streng und versagen uns das, wonach wir uns sehnen? Schwelgen wir in Maßlosigkeit und erliegen immer wieder Kaufräuschen, um uns für den Frust in unserem Leben zu entlohnen?

Im Umgang mit Geld zeigt sich auch, welche Bedeutung zwischenmenschliche Beziehungen für uns haben. Fühlen wir uns mit anderen verbunden und sind bereit, zu teilen? Geben wir mit offenem Herzen? Oder sind wir geizig und halten zurück, was wir haben? Und nicht zuletzt bringen wir in unserem Verhältnis zum Geld auch unsere Haltung dem Leben gegenüber zum Ausdruck: Investiere ich in das, woran ich glaube? Tue ich Gutes für die Welt? Fördere ich mein Glück und das der anderen?

Es ist ein weit verbreiteter Irrglaube zu meinen, dass wir ärmer werden, wenn wir geben. Im Gegenteil – je mehr wir in die Welt geben, desto mehr kann zu uns zurückkommen.

„Geld ist weder bös noch gut; es liegt an dem, wer's brauchen tut", besagt schon eine alte Volksweisheit. Es liegt also an uns, was wir mit unserem Geld tun. Wir bestimmen darüber, ob wir maßvoll oder maßlos konsumieren, ob wir mit unserem Geld Sinnvolles oder Sinnloses unterstützen. Wir entscheiden, welche Güter wir gegen Geld eintauschen und welche Werte wir damit unterstützen. Die entscheidende Frage für jeden von uns lautet doch: Wie kann ich mein Geld mit Freude verdienen, es genießen und zugleich sinnvoll einsetzen? Denn reich werden wir nicht dadurch, dass wir andere ärmer machen oder ihnen etwas wegnehmen, sondern indem wir für andere eine Bereicherung sind und selbst Wertschätzung ernten.

Kleiner Tipp

Kaufen Sie heute ein Geschenk für einen geliebten Menschen und erfreuen Sie sich an dessen Freude.

Freude an der Arbeit

„Arbeit ist sichtbar gemachte Liebe", sagte der große Weise Khalil Gibran einst, und er fügte hinzu: „Wenn ihr arbeitet, erfüllt ihr einen Teil des umfassendsten Traums der Erde, der euch bei der Geburt dieses Traums zugeteilt worden ist." Das mag sich für einige etwas vollmundig anhören. Nicht jeder würde schließlich seinen Beruf als seinen Traumjob bezeichnen. Vielleicht gehören Sie ja eher zu den Menschen, die den Nutzen Ihrer Arbeit darin erblicken, sich ein erfüllendes und glückliches Privatleben sichern zu können. Doch selbst dann und vielleicht gerade dann kann es für Sie wichtig sein, sich ein Arbeitsumfeld zu schaffen, in dem Sie sich wohlfühlen. Denn wir verbringen circa ein Drittel unseres Tages bei der Arbeit. Und das ist jede Menge Lebenszeit! Wieso sollten wir diese kostbare Zeit also in der Erwartung darauf verbringen, dass sie bald vorüber ist? Wollen wir diese Zeit nicht lieber sinnvoll nutzen? Es ist schließlich an uns zu entscheiden, welche Bedeutung wir der Arbeit, die wir verrichten, beimessen und mit welcher Grundhaltung und inneren Gestimmtheit wir sie verbringen. Natürlich können wir unsere Zeit absitzen und schlecht gelaunt darauf hoffen, dass der Tag bald vorüber ist. Ebenso können wir uns aber auch dafür entscheiden, das, was wir tun, mit Neugier und Interesse zu tun. Zu unserer Freude an der Arbeit trägt es bei, wenn wir uns den Arbeitsplatz gemütlich gestalten. Wenn wir mit unseren Kollegen freundlich umgehen und die Kaffeepause für zwischenmenschliche Begegnungen nutzen. Wenn wir die Menschen, die unsere Unterstützung und Hilfe brauchen, nicht als Belastung ansehen, sondern uns daran erfreuen, dass wir ihnen das Leben etwas leichter machen können. Wer seinen Arbeitstag in dieser Haltung verbringt, hat weit mehr Freude, fühlt sich weniger gestresst und geht am Abend wohlgestimmt nach Hause. Denn es ist doch so: Den eigentlichen Stress machen wir uns meist selbst und zwar durch die innere Haltung, mit der wir beruflichen Herausforderungen begegnen.

Fragen Sie sich:

Was gefällt mir an meiner Arbeit? Welchen Sinn sehe ich in dem, was ich tue? Welche Fähigkeiten und Talente stelle ich durch meine Arbeit der Welt zur Verfügung? Was gebe ich damit anderen Menschen?

Zu neuen Ufern aufbrechen

„Ich setzte meinen Fuß in die Luft und sie trug." Mit diesen Worten brachte die Dichterin Hilde Domin ihr Vertrauen in das Leben zum Ausdruck. Ein Vertrauen, das auch wir jeden Tag aufs Neue unter Beweis stellen. Denn Leben ist Bewegung. Und jeder Schritt nach vorn ist ein Wagnis. Wir wissen nicht, was vor uns liegt. Und doch gehen wir und eröffnen uns den Raum für Neues.

Genau das ist es, wozu das Leben uns immer wieder einladen will: Gewohntes und Vertrautes hinter sich zu lassen, die eigenen Grenzen zu überschreiten, zu neuen Ufern aufzubrechen, Menschen zu treffen, die bislang noch Fremde waren, und uns den frischen Wind der Veränderung um die Nase wehen zu lassen. Hierfür bedarf es nicht einmal der großen Abenteuer – es sind bereits die kleinen Schritte aus der täglichen Routine, der Sprung aus der Komfortzone, die unserem Leben neuen Schwung verleihen.

„Spring und das Netz wird auftauchen", versichert uns eine alte Lebensweisheit. Wagen Sie es! Wir haben doch nur dieses eine Leben. Und dieses will gelebt werden!

Fragen Sie sich:

Was ist es, was ich schon immer einmal tun wollte? Was reizt mich, lockt mich, was jagt mir einen kleinen Schauer der Aufregung über den Rücken? Welche Sehnsuchtsorte locken mich, welche Abenteuer reizen mich, welche Reise wollte ich schon lange antreten? Vielleicht wollten Sie schon immer einmal mit den Delphinen schwimmen, sich mit einem Heißluftballon in die Lüfte erheben oder den Mississippi auf einem alten Raddampfer entlangschippern. Nehmen Sie sich fest vor, zumindest einen Ihrer geheimen Wünsche in der nächsten Zeit Ihres Lebens zu erfüllen.

Die eigene Vision leben

Welchem Stern folge ich auf meiner Lebensreise? Was ist meine Lebensaufgabe? Jeder von uns hat eine Vision, die tief im Herzen wohnt, die uns vorantreibt, motiviert und inspiriert. Auch wenn wir sie immer wieder aus den Augen verlieren, so ist sie doch da, lockt uns mit Bildern und Geschichten, nimmt Gestalt an in Menschen, ruft uns in fremde Länder oder bewegt uns zur Heimkehr. Ja, die Antwort liegt in uns. Wir müssen nur bereit sein, beharrlich zu lauschen, bis wir den Ruf tief aus unserem Herzen vernehmen können. Und ihm dann folgen. „Der Mensch ist aufgerufen, sich selbst zu dem zu machen, was er werden soll, um sein Schicksal zu erfüllen", schrieb der Religionsphilosoph Paul Tillich. Im Buddhismus wird dies das Aufwachen zur wahren Wesensnatur genannt. Was nichts anderes heißt, als den Menschen in uns zum Leben zu erwecken, der noch schläft. Seien Sie kreativ! Und fragen Sie sich: Was kann ich alles tun, um mein Potenzial zu entwickeln und noch brachliegende Talente zu fördern? Was begeistert mich und weckt meine Lebensgeister? Was erfüllt mein Herz mit Glück und meinen Geist mit ungezügelter Neugier? Mit diesen Fragen im Gepäck sind Sie bestens ausgerüstet, um sich auf den Weg zur eigenen Lebensvision zu machen.

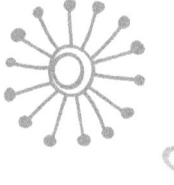

Mein Herz, was möchtest du mir sagen?

Im Herzen liegen die Antworten unseres Lebens. Suchen Sie daher jeden Tag bewusst den Kontakt mit Ihrem Herzen. Legen Sie hierfür beide Hände auf Ihren Brustbereich und spüren Sie die Wärme, die sich in Ihrem Herzen ausbreitet. Stellen Sie sich vor, wie es kraftvoll in Ihrem Brustkorb schlägt. Fragen Sie es: „Mein Herz, was möchtest du mir sagen?" Vielleicht werden Sie davon überrascht sein, wie deutlich sich Ihr Herz artikulieren wird. Denn es wartet nur darauf, mit uns in Kontakt treten zu können. Hören Sie daher genau hin, was es Ihnen sagen wird.

Vielleicht entscheiden Sie sich dafür, gleich am Morgen mit Ihrem Herzen in Kontakt zu treten, es zu öffnen und auf den gemeinsamen Tag einzustimmen. Fragen Sie es, welche Vision es für den heutigen Tag hat und wonach es sich sehnt. Bitten Sie es darum, Sie gut durch diesen Tag zu begleiten und Ihnen den Weg zu weisen.

Über die Autorin

Christa Spannbauer lebt als Autorin, Journalistin und Filmemacherin in Berlin und war langjährige Assistentin des Zen-Meisters und Benediktiners Willigis Jäger. In ihren Publikationen sucht sie nach Antworten auf die Frage nach einem guten und gelingenden Leben. Hierfür inspirieren sie zeitgemäße Weisheitswege aus Ost und West, die sie mit neusten Erkenntnissen aus Psychologie und Hirnforschung kombiniert.

Für mehr Informationen zur Autorin besuchen Sie www.christa-spannbauer.de.

HERDER spektrum Band 7200

Originalausgabe

© Verlag Herder GmbH, Freiburg im Breisgau 2016
Alle Rechte vorbehalten
www.herder.de

Umschlaggestaltung: Designbüro Gestaltungssaal
Umschlagmotiv und Vignetten im Innenteil:
© smilewithjul – shutter stock

Satz: Arnold & Domnick, Leipzig
Herstellung: GGP Media GmbH, Pößneck

Printed in Germany

ISBN 978-3-451-07200-0